大展好書　好書大展
品嘗好書　冠群可期

大展好書　好書大展

品嘗好書　冠群可期

名師出高徒③

劍術、刀術入門與精進

楊柏龍、劉玉萍 編著

大展出版社有限公司

出版說明

誰都願意將自己的孩子送進好的學校，爲什麼？因爲好學校教學水平高。教學水平高主要依賴於有一流的高水平的教師。教師水平高就能教出出類拔萃的學生，這正是「名師出高徒」。

學武術也如此，富有經驗的名師教學，會使初學者少走彎路，入門迅速，一入門即可爲提升打下紮實的基礎。

爲滿足初學武術的廣大青少年和武術愛好者的要求，我社特約我國武術名家編寫了這套叢書。本套叢書作者均是長期從事武術教學，在國內外享有盛名的專家，他們有著極豐富的教學經驗，既能把那些對武術一竅不通的「老外」教得像模像樣，也能指導武術高手再提升。

本套叢書屬於普及性讀物，重點介紹了武術基本技術要領、動作要求、練習方法、易犯錯誤及其糾正方法，而且簡明扼要地說明了動作的技擊含義，易學、易懂、易練、易用。

近年來中國武術協會爲更廣泛開展武術運動，在國內推行了武術段位等級制。本書在介紹了最基本的動作之後，編入了最基本的入段套路詳解。每個武術愛好者只要跟著本書步驟自修，都可達到武術初級段

位（一、二、三段）水平。

　　本社曾出版過《武術基礎練習叢書》一書，深受廣大武術愛好者喜愛，多次再版仍未能滿足需要。根據近年來我國武術發展的形勢，本套叢書是在原《武術基礎練習叢書》的基礎上新編而成。這套叢書包括以下幾冊：

　　《武術基本功和基本動作》——名師出高徒㈠
　　《長拳入門與精進》——名師出高徒㈡
　　《劍術、刀術入門與精進》——名師出高徒㈢
　　《棍術、槍術入門與精進》——名師出高徒㈣
　　《南拳入門與精進》——名師出高徒㈤
　　《散手入門與精進》——名師出高徒㈥
　　《太極拳入門與精進》——名師出高徒㈦
　　《太極推手入門與精進》——名師出高徒㈧

　　劍術、刀術對健身十分有益。劍術動作輕快瀟灑、身法矯捷、富有韻律、剛柔相兼；刀術動作勇猛快速、雄健剽悍，同時亦要求剛柔相濟，輕靈和諧。久練刀、劍術利關節、修筋骨。

　　本書作者教學經驗豐富，跟隨本書學練，入門快速，提升快，達到國家武術考核「三段」水平並非難事。

第一篇　劍術練習

第二篇　刀術練習

第一篇 劍術練習

劍術簡介

　　劍屬武術短器械的一種，係由古兵器演化而來。早在新石器時代，作為生產工具已開始有了體積很小的石刃骨劍。銅兵器盛行的西周時期，出現了形制還不完備的青銅短劍。春秋戰國時期，隨著冶煉技術的提高和作戰的需要，出現了鐵製劍，劍身也逐漸加長。

　　此後，在戰場上，刀逐漸取代了劍的格殺作用，劍身又隨之變短，劍的形制也逐漸趨於完善。劍術在幾千年的發展歷程中，始終是沿著相擊格鬥和舞練兩種形式發展的。

　　到了近代，劍術的相擊格鬥形式，發展成為用半寸粗細的藤條，裹上棉花，外面包上皮革，加上護手，做成長三尺、直徑約一寸的「短兵」，它除了保持劍術的攻防技術外，還具有刀術的功防技術。劍術的舞練形式逐步發展成了具有獨特體系的「套路運動」。

　　劍術套路極其豐富，有：三才劍、七星劍、八仙劍、十

三劍、峨嵋劍、崑吾劍、青萍劍、達摩劍、通背劍、太極劍等套路。就其劍術體勢而言，可分為工架劍、行劍、綿劍、醉劍；就其穗長分為長穗劍、短穗劍。

劍的構造包括劍身、劍柄兩部分。劍身由劍刃、劍尖、劍鋒、劍脊構成；劍柄包括劍格（護手）、劍柄、劍首。其次還有劍穗、劍鞘等附屬物（見「劍各部位名稱圖」）。

現代武術運動中的劍，按照《武術競賽規則》的要求，劍的長度以練習者直臂垂肘反手持劍的姿勢為準，劍尖不得低於本人的耳上端。劍的重量（包括劍穗），成年組男子不得輕於 0.6 千克；女子不得輕於 0.5 千克。少年兒童則不受限制。

劍術的主要方法有刺、點、崩、撩、掛、劈等。其運動特點是，輕快敏捷、瀟灑飄逸、富有韻律感。

劍各部位名稱圖

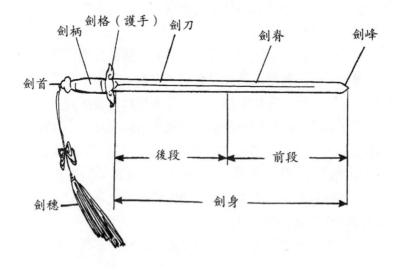

劍術基本技法

劍術名目繁多，各門各派都有其沿襲相傳的演練技巧與方法，風格特點各異，但一般的基本技法，大致有以下四點。

(一) 劍法清晰

劍器的柄短、身長、帶尖、兩面有刃、扁薄而有韌性，所以使用十分靈活，故有「短兵之帥」之稱。由於劍器獨特的構造及性能，決定了它本身具有的劍法頗多，要使劍法做到準確無誤，首先要明瞭其劍器各部的性能。

例如：劍尖銳利，主於刺；劍鋒呈斜形，主於點；兩劍刃扁薄，主於劈。其次要明瞭其換把變招的特點。例如，刺劍應以螺把握柄，使劍直線出擊，力達劍尖。再次要明瞭其劍法所要求的運動路線及方位（攻防目標）。例如，撩劍的運動路線為立圓，最終方位為前上或後下。而斬劍的運動路線為由左向右（或由右向左）的平行運動，最終方位為體右側（或體左側）。

除此之外，還需顧及配手與劍法的協調配合，明確劍刃不能觸及身體各部，不能做纏頭裹腦類動作。

每一種劍法都有嚴謹的規格要求，只有熟練掌握，才能在剎時突變間做到方法清晰，運用自如。

(二) 以巧制勝

依據劍之形制，以巧制勝是發揮其攻防特點的重要技

法。拳諺道：「劍走青，刀走黑。」青者，輕也。劍本身輕薄，不能硬擋硬架，而是逢堅避刃，遇隙削鋼，憑借劍法的靈活運用，身法的躲閃變化來戰勝對方。

例如，當對方持硬兵械進攻時，應儘可能不用劍去格架對方的兵械，而是以閃躲避開對方的正面攻勢，並借閃勢，以劍鋒崩點或攔擊對方的腕部，扼制其進攻，這樣即使對方進攻落空，又能避免劍器的損壞。「以巧制勝」使劍術的動作形成了姿勢嚴謹、閃展靈活、方法多變的特點。

(三)持短入長

劍屬短兵，在技擊中，欲達到以短制長的目的，就必須做到疾步緊逼，正如《手臂錄》中所說：「短兵進退須足利，足如毚（chán 狡兔）兔身如風。」只有這樣才能快速靠近對方，從而加長劍的攻擊距離，短兵長用的這一技法特點決定了在劍術套路中多行步撩劍、穿劍等動作，形成了流暢不滯的運動特點。

(四)剛柔兼備

剛柔兼備是指在劍法運用中要體現有剛有柔的勁力法則，並參互使用。

由於劍器小巧輕便，利於變化，因此在縱橫逆順，輕快流暢的運動中，隨時蘊藏著變化莫測的技擊招法和防敵、制敵意識，劍法的運用有剛有柔，體現了攻中有防、防中有攻的技擊特點。從而決定了劍術在套路演練過程中要充分體現出輕快敏捷、瀟灑飄逸、劍似飛風的運動特點。因此，正確掌握和運動勁力的剛柔兼備，是提高劍技水平的重要環節。

劍術基本方法

（一）劍的持握法

1.持　劍

　　兩腳併步站立；左臂內旋成手心向後握住劍柄，拇指扣住內側劍格，中指、無名指和小指扣住外側劍格，食指伸直壓住劍柄，使劍身貼靠前臂垂立於左臂後，右臂伸直貼靠右腿外側（圖1）。

2.握劍

　　①滿把：手握劍柄，拇指屈壓於食指第二指節上，其餘四指併攏握緊劍柄，虎口貼靠劍格（圖2）。

圖1

圖2

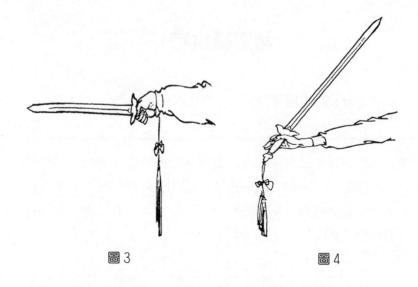

圖3　　　　　　　　　　圖4

②**螺把**：手握劍柄，由小指、無名指、中指、食指依次微凸起呈螺形，拇指靠近於食指第三指節，食指第二指節貼靠劍格（圖3）。

③**鉗把**：以拇指、食指和虎口的挾持之勁將劍柄鉗住，其餘三指自然鬆附於劍柄（圖4）。

④**刁把**：以虎口挾持勁將劍柄刁牢，拇指、食指和中指自然伸扣鬆貼劍柄，其餘兩指鬆離劍柄。（圖5）

⑤**壓把**：由滿把握住劍柄，鬆開無名指和小指壓於劍柄後端上面，使劍身橫平（圖6）。

【要點】：持劍掌心要貼住劍格，食指壓住劍柄，其餘四指扣住劍格外側。握劍，根據其方法，手指要變化靈活，時握時放，順其自然。

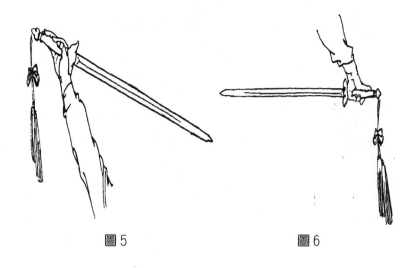

圖5　　　　　　　　　　圖6

【技擊含義】：持劍，屬持器械的一種方法，用於預備勢或收勢動作。握劍，方法有多種，根據劍法的需要進行靈活變換。

【易犯錯誤】：持劍，劍身不垂直。據劍，脊刃不分，虎口遠離護手。

【糾正方法】：劍身不垂直要強調食指壓住劍柄，使劍脊貼住前臂。脊刃不分，虎口遠離護手，主要是與劍法不明和幾種握劍的方法在變換中沒有完全掌握有關。需加強單個基本劍法和握劍方法的練習，根據不同方法，以虎口和手指將劍柄鉗住。

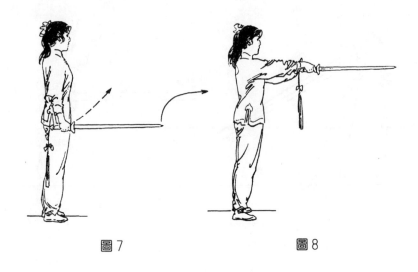

圖7   圖8

(二)刺　劍

1. 兩腳開步站立；右手握劍提於右腿外側，劍身橫平，左劍指按於左腿外側；目視前方（圖7）。

2. 右手握劍屈肘上提，經腰側再向前直刺，臂與劍成一直線，與肩同高，虎口向上，力達劍尖，左劍指（參見圖47）屈肘上提，附於右腕處；目視前方（圖8）。

註：刺劍可分爲立刺劍與平刺劍。劍刃朝上下爲立刺劍；劍刃朝左右爲平刺劍。根據刺劍的不同方位，還可分爲上刺劍、下刺劍、後刺劍、探刺劍等。

【要點】：劍與臂成一直線，爆發用力，力達劍尖。

【技擊含義】：刺劍屬進攻性劍法，根據需要扎刺對方身體任何一個部位。

【易犯錯誤】：劍與臂不成一條直線。

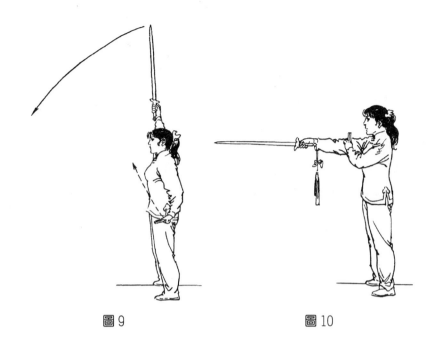

圖9　　　　　　　　　　　圖10

【糾正方法】：要求直臂、直腕，使劍身平直。

(三)劈　劍

1. 兩腳開步站立；右手握劍直臂上舉，小指側劍刃向前，劍尖向上，左劍指按於胯旁；目視前方（圖9）。

2. 右手握劍由上向下直臂劈至體前，力達劍刃，與肩同高，左劍指屈肘上提，立於右肩前；目視前方（圖10）。

【要點】：臂與劍成一條直線，力達劍刃前部。

【技擊含義】：劈劍屬進攻性方法，意在劈擊對方頭、肩部。

【易犯錯誤】：劍與臂不成直線。

【糾正方法】：順肩、伸臂、直腕、使劍柄末端貼靠前臂。

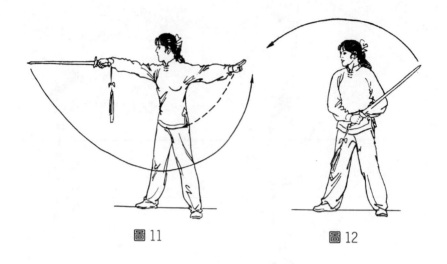

圖 11　　　　　　　圖 12

（四）掛　劍

　　1.右腳在前，錯步側身站立，右手握劍直臂側平舉，虎口向上，左劍指直臂側平舉，虎口向上；目視右前方（圖11）。

　　2.右臂內旋，劍尖向下、向左貼身掛起，力達虎口側劍刃前部，左劍指下落，附於右手腕處（圖12）。

　　3.右臂外旋，劍尖向上，向前劃弧，成平舉（圖13）。

　　4.右手握劍，劍尖沿身體右側向下、向後掛起，力達虎口側劍刃前部，左劍指直臂前伸，虎口向上，與頭同高；目視劍指（圖14）。

圖13 圖14

　　註：向左爲左掛，向右爲右掛，貼身立圓掛一周爲掄掛。

　　【要點】：轉腰、扣腕，左掛滿把握住劍柄，右掛用鉗把握劍柄，腕部放鬆，力達劍刃前部。

　　【技擊含義】：掛劍屬防守性劍法，用於掛開來自向頭部和下肢攻擊的兵械或拳腳。

　　【易犯錯誤】：劍不走立圓。

　　【糾正方法】：扣腕、劍與臂需保持合適角度，使劍尖向下、向後貼近身體繞動。

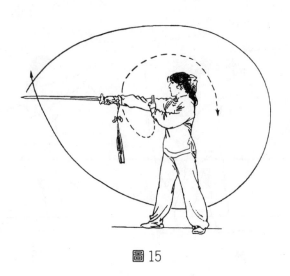

圖 15

(五)撩 劍

1.右腳在前，錯步站立；右手握劍直臂前平舉，虎口向上，左劍指立於右肩前；目視前方（圖 15）。

2.右手握劍臂內旋，直臂向上、向後立繞至體後，隨之臂外旋向下，沿身體右側貼身弧形向前撩至體前上方，虎口斜向下，力達劍刃前部，左劍指向下、向前再向上直臂繞至體左側，與腰間高；目視劍尖（圖 16）。

3.右手握劍，劍尖向上、向左弧形下落，左劍指屈肘回收，附於右腕處（圖 17）。

4.右手握劍，臂內旋，劍尖向下沿身體左側貼身弧形向前撩至體前上方，虎口斜向下，力達劍刃前部；目視劍尖，左劍指隨之立於右手腕內側（圖 18）。

【要點】：做撩劍手腕要鬆活，以腰帶劍，用力較柔和，刀達劍刃前部。

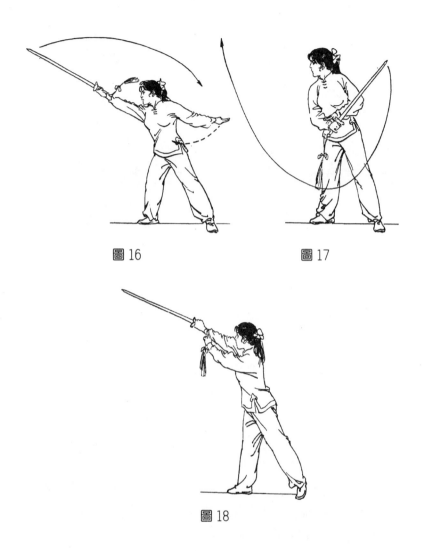

圖 16　　　　　　　　圖 17

圖 18

　　【技擊含義】：撩劍屬進攻性劍法，用於由下向上撩擊
對方。

　　【易犯錯誤】：劍不貼近身體。

　　【糾正方法】：撐腰、旋臂，劍沿體側由下向上撩出。

圖 19   圖 20

(六)雲 劍

1.兩腳開步站立；右手握劍直臂側平舉，虎口向上，上體稍右轉，左劍指直臂側平舉，虎口向上；目視右前方（圖19）。

2.右臂內旋上舉，隨之臂外旋，同時右手腕外旋轉動，仰頭，使劍在臉上方平圓繞環一周，左劍指向上擺起，附於右腕內側；目視劍身（圖20）。

【要點】：以腕為軸，交替採用滿把和鉗把握住劍柄。

【技擊含義】：雲劍屬防守性劍法，用於架撥由上向下攻擊頭部的器械，進而反擊對方。

【易犯錯誤】：揮臂掄劍，不以腕為軸。

【糾正方法】：握把要鬆活，不要滿把抓死，以腕的轉動，帶動肘關節隨動。

圖 21　　　　　　　　圖 22

(七)抹　劍

　　1.左腳在前，錯步站立；右手握劍直臂前平舉，虎口向上，左劍指立於右臂內側；目視前方（圖21）。

　　2.上體右轉，同時兩腳碾轉成開立步；右臂內旋，手心向下，劍由前向右弧形抽回，力達小指側劍刃，左劍指稍前伸，附於右腕處；目視前方（圖22）。

　　【要點】：旋臂弧形回抽，速度均勻，用力輕柔，力達劍刃。

　　【技擊含義】：抹劍屬進攻性劍法，高度在胸部以上，主要用於抹對方的脖子。

　　【易犯錯誤】：直臂左右平擺。

　　【糾正方法】：轉腰、旋臂、屈肘，滿把握劍柄，弧形回帶。

圖 23

(八)絞　劍

　　右腳在前，錯步站立；右手握劍前舉，與胸同高，手心向上，以腕為軸，劍尖向右、向上立圓繞環一周，力達劍身前部；左劍指架於頭部左上方；目視前方（圖 23）。

　　【要點】：腰與握劍之手臂協調配合，動作圓活，圈的直徑不宜超過 20 公分。

　　【技擊含義】：絞劍屬防守性劍法，主要用於絞纏對方的器械或手臂，進而反擊對方。

　　【易犯錯誤】：絞劍不走立圓。

　　【糾正方法】：當劍尖弧形上下絞動時，要沿肩垂肘手腕放鬆，不可直腕死把握劍，用力要柔，力達劍身前部，使劍尖走立圓。

圖24   圖25

(九)架　劍

1.左腳在前，錯步站立；右手握劍直臂前平舉，虎口向上，左劍指立於右腕處；目視前方（圖24）。

2.上體右轉；同時兩腳碾轉成開立步；右臂內旋，劍向頭上方架起，劍身橫平，手心向前，目視左斜前方（圖25）。

【要點】：滿把握住劍柄，劍身保持橫平，力點在劍身中部。

【技擊含義】：架劍屬防守性劍法，用於撐擋對方由上向下攻擊的器械。

【易犯錯誤】：肘關節過於彎曲，劍身不平。

【糾正方法】：強調肘關節伸直，使劍身橫架於頭上方。

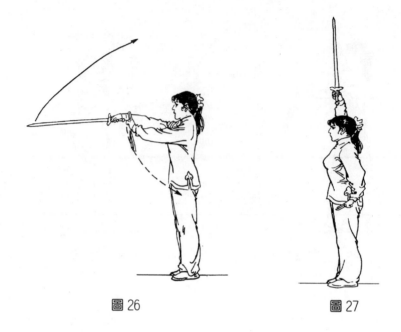

圖 26　　　　　　　　圖 27

（十）挑　劍

1. 兩腳併步站立；右手握劍直臂前平舉，虎口向上，左劍指立於右前臂內側；目視前方（圖 26）。

2. 右手握劍直臂上挑，力達劍尖，左臂下垂，劍指向斜下，按於左胯旁；目視前方（圖 27）。

【要點】：螺把握住劍柄，虎口向上，臂與劍成直線向上揮起。

【技擊含義】：挑劍為進攻與防守兼而有之的一種劍法，用於從正面挑擊對方身體或向上挑開對方器械。

【易犯錯誤】：劍與臂不成一條直線。

【糾正方法】：強調肘關節伸直。

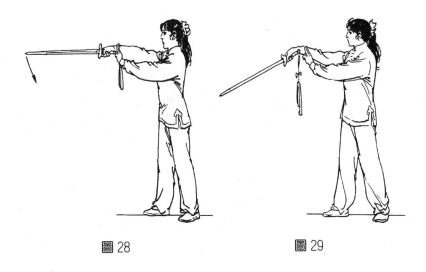

圖 28   圖 29

（十一）點　劍

1.右腳在前，錯步站立；右手握劍直臂前平舉，虎口向上，左劍指立於右腕處；目視前方（圖 28）。

2.右手握劍提腕，劍猛向下點，力達劍尖；目視劍尖（圖 29）。

【要點】：手腕放鬆，突然而短促地用力上提，使劍尖向下啄擊。

【技擊含義】：點劍屬進攻性劍法，適用於攻擊對方的指、腕、肩、臂等部位。

【易犯錯誤】：劍柄抵住前臂，手腕不能上提。

【糾正方法】：拇指與食指扣住劍柄，其餘三指鬆握，使柄端貼靠橈骨一側。

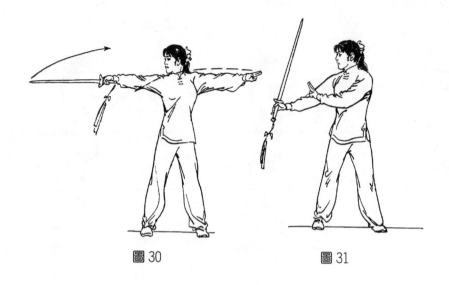

圖30　　　　　　　　圖31

（十二）崩　劍

1.兩腳開步站立，右手握劍直臂側平舉，虎口向上，左臂側平舉，左劍指虎口向上；目視右前方（圖30）。

2.右手握劍沉腕，直臂下落，使劍尖猛向上崩起，力達劍尖，左臂屈肘回收，左劍指附於右臂內側（圖31）

【要點】：手腕突然用力下沉，使劍尖由下向上啄擊。

【技擊含義】：崩劍為攻防兼備的一種劍法，用來崩開對方的器械或崩擊對方腕、臂等部位。

【易犯錯誤】：過於屈肘，爆發力不夠。力點不準。

【糾正方法】：肩部要放鬆，肘關節微屈下墜，手腕突然下沉，使力量達至劍尖。

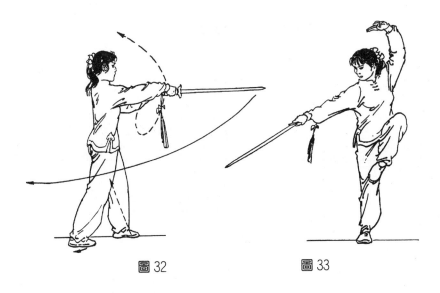

圖 32　　　　　　　　圖 33

（十三）截　劍

1. 左腳在前，錯步站立；右手握劍直臂前平舉，虎口向上，左劍指立於右腕處；目視前方（圖32）。

2. 身體右轉；隨轉體右腿支撐站立，左腿屈膝提起；右手握劍臂內旋，隨轉體劍身斜向下截至身體右側，臂、劍成一直線，劍尖與右膝同高，手心斜向下，力達劍刃前部，左劍指向下、向左繞至頭左上方；目視劍尖（圖33）。

【要點】：以短促的爆發力使劍向斜下猛擊。力達劍刃前部。

【技擊含義】：截劍為攻防兼備的劍法，主要用於截膝、截腕或截擊對方進攻的兵器。

【易犯錯誤】：劍與臂不成直線。

【糾正方法】：直臂、直腕、力達劍刃前部。

圖34

(十四)抱　劍

　　兩腳開步站立；右手握劍屈肘抱於胸前，劍身橫平，手心向裡，劍尖向右，左劍指附於右腕內側；目視劍尖（圖34）。

　　【要點】：橫抱劍要挺胸、懸腋、握劍手屈肘內收。立抱劍需兩臂內旋，弧形前撐。平抱劍要兩臂外旋、沉肩、垂肘，向前平送。

　　【技擊含義】：抱劍是一種靜止的定勢動作，常與前動的雲、格、閉、合之法連接，並伺機而動。

　　【易犯錯誤】：抱劍時，端肩、夾臂、劍身歪斜。

　　【糾正方法】：強調沉肩、垂肘、腋下懸開，注意劍身角度。

　　註：劍尖向右爲橫抱劍，劍尖向上爲立抱劍，劍尖向前爲平抱劍。

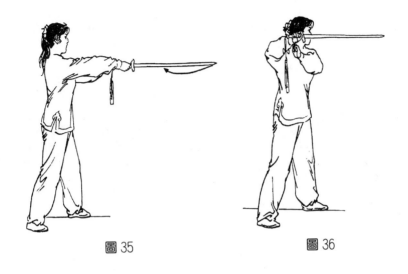

圖 35　　　　　　　　　　圖 36

(十五) 帶　劍

1.左腳在前，錯步站立；右手握劍直臂前平舉，虎口向上，左劍指立於右腕處；目視前方（圖35）。

2.右手握劍臂內旋，使小指側劍刃翻轉向上，同時，由前向右側後方屈肘抽回；目視前方（圖36）。

【要點】：以腰帶臂，以臂帶劍，動作柔和，力點由劍身根部前移。

【技擊含義】：帶劍屬防守性劍法，意在用己兵刃牽引對方器械，使之偏離進攻目標。

【易犯錯誤】：轉腰不夠，動作剛猛。

【糾正方法】：強調以腰的擰轉帶動劍身的回帶，動作要連貫，用力需柔和。

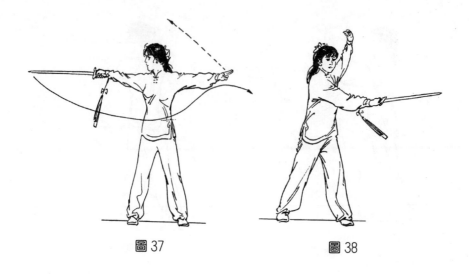

圖37　　　　　　　　　　圖38

(十六)穿　劍

1.兩腳開步站立；右手握劍直臂側平舉，虎口向上，左臂直臂側平舉，左劍指虎口向上；目視右前方（圖37）。

2.上體左轉；右臂外旋，手心向上，屈肘扣腕，使劍尖隨轉體經胸腹間，弧形向左前方平穿，劍尖與胸同高，左劍指向上架於頭左上方；目視劍尖（圖38）。

【要點】：穿劍要連貫貼身，輕快柔順，力達劍尖。

【技擊含義】：穿劍屬攻防兼備的一種劍法。當對方的器械平向進攻時，用劍穿隔，並順其器械穿刺對方。

【易犯錯誤】：動作不連貫，穿劍不貼身。

【糾正方法】：放慢速度，柔和用力，加強動作的連貫性，注意穿劍時貼近所穿部位，把握好擰腰閃身的時機。

圖39　　　　　　　　　圖40

（十七）提　劍

1.左腳在前，錯步站立；右手握劍直臂前平舉，虎口向上，左劍指立於右臂內側；目視前方（圖39）。

2.身體右轉；同時兩腳碾轉成開立步；右手握劍隨轉體直臂下落，並隨之臂內旋，虎口向下，屈肘貼身弧形向右肩前提起，劍尖斜向下，左劍指向左斜下伸出，虎口向上，與腰同高；目視劍指（圖40）。

【要點】：充分旋臂，力達劍身。

【技擊含義】：提劍屬防守性劍法，一般用來提擋對方進攻的器械。

【易犯錯誤】：提劍時，劍刃傾斜，遠離頭部或上體。

【糾正方法】：注意旋臂，使劍刃朝左右，前臂收緊，貼近身體。

圖 41

（十八）斬　劍

1.左腳在前，錯步站立；右手握劍直臂前平舉，虎口向上，左劍指立於右臂內側；目視前方（圖41）。

2.身體右轉；同時兩腳碾轉成開立步；右臂內旋，手心向下，隨轉體劍身向右平擺，與肩同高，力達劍刃，左劍指向左，直臂伸出，略高於肩，手心斜向下；目視右前方（圖42）。

圖42

【要點】：在完成動作的剎那間，手由滿把握變螺把握，迅猛的爆發用力，貫於劍刃前部。

【技擊含義】：斬劍屬進攻性劍法，高與脖齊，俗稱斬首。

【易犯錯誤】：劍臂不成一線，力未達劍刀。

【糾正方法】：伸臂、直腕，使劍柄末端貼靠前臂，力達劍刃前部。

圖 43

（十九）掃　劍

1. 右腿支撐下蹲，左腳尖點於右腳內側成丁步；右手握
劍直臂下截，手心向下，左劍指左斜上舉，直臂；目視劍尖
（圖43）。

2. 身體左轉；同時左腳向左開步，成右跪步；右手握劍
臂外旋，手心向上，隨轉體劍身向前平掃，力達小指側劍
刃，高不過膝，左劍指下落，附於右腕處；目視劍尖（圖
44）。

圖44

【要點】：劍身要平，與踝關節同高，動作輕快，力達劍刃前部。

【技擊含義】：橫掃對方膝部以下部位。

【易犯錯誤】：劍身不平，力點不準。

【糾正方法】：隨轉體注意揮臂、甩腕使劍平行，力達劍刃前部。

圖45

（二十）剪腕花

右腳在前，錯步站立，右手握劍直臂側平舉，以腕為軸。立劍在臂兩側向下貼身立圓繞環，力達劍尖，左臂直臂側平舉，左劍指虎口向上；目視右前方（圖45）。

【要點】：以腕為軸，快速連貫，向前繞動時成立劍。

【技擊含義】：剪腕花屬攻守兼備的一種劍法，主要用於剪擊對方手腕。

【易犯錯誤】：脊刃不分，劍不繞立圓。

【糾正方法】：強調劍在臂兩側貼身立繞，向前下剪點時要劍刃向下，力達劍尖。

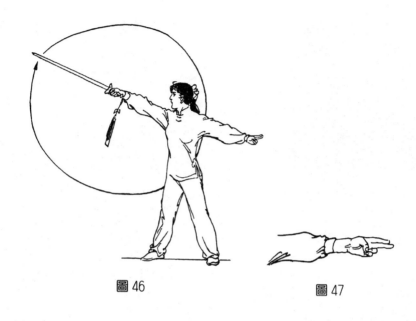

圖46

圖47

（二十一）撩腕花

右腳在前，錯步站立；右手握劍直臂左斜上舉，以腕為軸，立劍在臂兩側向上貼身立圓繞環，力達劍尖，左臂直臂側舉，左劍指虎口向上，略低於肩；目視劍尖（圖46）。

【要點】：同剪腕花。

【技擊含義】：撩腕花屬進攻性劍法，主要用來撩擊對方手腕。

【易犯錯誤及糾正方法】：同剪腕，惟動作路線相反。

（註）劍指：中指與食指伸直併攏，其餘三指屈於手心，　拇指壓在無名指與小指的第一指節上（圖47）。

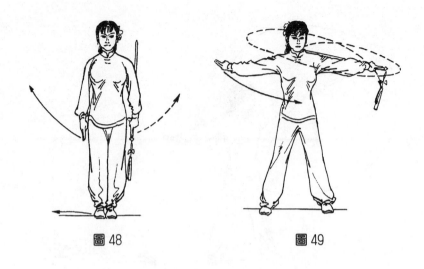

圖 48　　　　　　　圖 49

劍術組合動作

(一) 持劍、斬劍、架劍動作組合

1. 併步持劍

兩腳併步站立；左手持劍於體左側，肘關節微屈，右劍指垂於體右側；目視前方（圖 48）。

2. 開步雲接劍

①右腳向右跨步成開立步；兩臂同時向體兩側舉起，略低於肩，兩手虎口均向下；目視前方（圖 49）。

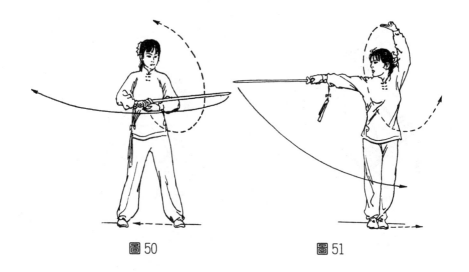

圖50   圖51

②左手持劍直臂向前上方擺動，隨之臂外旋，同時手腕也外旋轉動，仰頭使劍尖在臉上方平雲一周，然後屈肘下落抱於體前，與腰同高，右劍指變掌，屈肘回收接於劍柄處，手心向下；目視前方（圖50）。

3. 併步斬劍

左腳向右腳內側收步成併步，右手握劍直臂向右平斬，與肩同高，左手變劍指向下、向左邊翻邊繞至頭左上方；劍指向右；目視劍尖（圖51）。

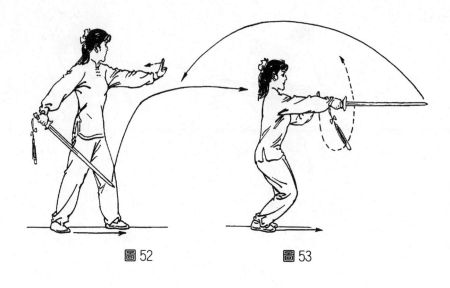

圖52　　　　　　　　圖53

4. 併步半蹲刺劍

①身體左轉 90°；左腳隨轉體向前上步；右手握劍扣腕下落，使劍尖向下、向前提於身體右側，劍尖與膝同高，左劍指下落，經右肩前向下繞至體前，與肩同高；目視前方（圖52）。

②右腳向前進步成併步，屈膝半蹲；右手握劍屈肘上提，經腰間直臂前刺，與肩同高，虎口向上，左劍指稍回收立於右臂內側；目視前方（圖53）。

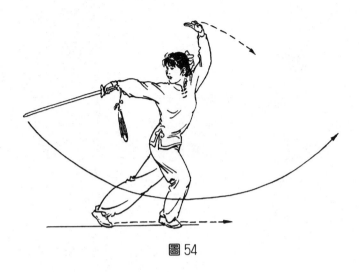

圖 54

5. 叉步點劍

　　右腳向前進步並屈膝，腳尖稍外擺，左腿膝關節伸直，腳跟離地成叉步；上體稍右轉；右手握劍向上、向後點劍，劍尖與胸同高，左劍指向下、向前繞至頭左上方；目視劍尖（圖 54）。

圖 55　　　　　　　　　　　　　圖 56

6. 提膝架劍

①上體稍左轉，左腳向前上步，屈膝，右腿稍伸直；右手握劍下落，隨之臂內旋，使劍尖向下直臂前挑，與肩同高，虎口向上，左劍指向前下落，立於右臂內側；目視前方（圖 55）。

②重心後移，右腿支撐站立，左腿屈膝提起；右臂內旋上架，劍身橫平，左臂前伸，劍指向上，與肩同高；目視前方（圖 56）。

【要點】：雲接劍動作要快速、連貫。雲劍時要以腕為軸，接劍手的虎口要貼靠劍格（護手）。

圖 57   圖 58

（二）提劍、崩劍動作組合

1. 前點步提劍

①左腿屈膝，右腿伸直成左弓步；右手握劍直臂前刺，虎口向上，左劍指立於右臂內側；目視前方（圖 57）。

②身體右轉 90°；同時重心後移，右腿支撐站立，左腳回收經右腳內側向前點步，膝關節伸直；右手握劍臂內旋，隨轉體弧形向右上方屈肘提劍，手心向外，劍尖向下，左劍指直臂向左伸出，與胸同高，虎口向上，目視劍指（圖58）。

圖 59

2. 提膝點劍

①身體左轉 90°；左腳隨轉體向前上步，屈膝，右腿膝關節伸直成左弓步；右手握劍臂外旋，屈肘下落於腰間，隨之弧形向前穿出，與肩同高，虎口向上，左臂屈肘回收，劍指立於右臂內側；目視前方（圖 59）。

②身體右轉 90°；重心後移，右腿支撐站立，左腿屈膝提起；右手握劍隨轉體向上、向右下點劍，劍尖略高於膝，左劍指向下、向左繞至頭左上方；目視劍尖（圖 60）。

3. 跳歇步崩劍

①重心左移，左腳向左落步，稍屈膝；右手握劍臂外旋，向上擺至體左側，劍尖與鼻同高，同時左劍指向右下落與右臂交叉，置於右臂下；目視劍尖（圖 61）。

圖 60

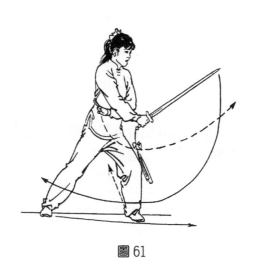

圖 61

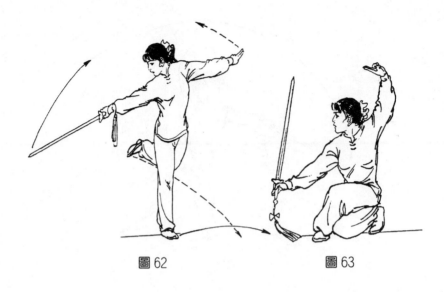

圖62　　　　　　　　　圖63

②右腳向左腳前蓋步，支撐站立，左腿屈膝向後抬起，右手握劍向下、向右撩出，劍尖與髖同高，左劍指向下、向左擺起，與肩同高；目視劍尖（圖62）。

③右腳蹬地，左腳向左跨跳落地，同時身體右轉，右腳向左腳後落步，兩腿交叉成歇步，右臂外旋，沉腕，直臂下落，使劍尖向上崩起，左劍指向上擺至頭左上方；目視前方（圖63）。

【要點】：提劍時要貼身提起，但不能觸及身體。跳歇步崩劍動作要遠跳、輕落，協調一致。

圖 64　　　　　　　　圖 65

(三) 抱劍、撩腕花動作組合

1. 轉身雲劍

①右腿支撐站立，左腿屈膝，左腳向右後方抬起成望月平衡；右手握劍直臂側平舉，手心向上，左劍指架於頭左上方；目視劍尖（圖64）。

②右腿屈膝，左腳向右落步，腳尖點地兩腿交叉半蹲；左劍指弧形下落立於右肩前；目視劍尖（圖65）。

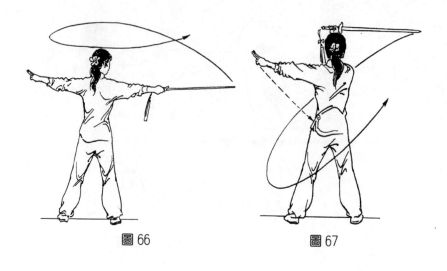

圖 66　　　　　　　　圖 67

③身體左轉180°；兩腳隨轉體碾轉成開立步；同時右手握劍向左直臂平擺180°，左臂平擺於體左側成側平舉，劍指向左，目視劍尖（圖66）。

④右手握劍臂內旋向前上方擺起，隨之臂外旋，以腕為軸，仰頭，使劍身在臉上方平雲一周；屈肘，小臂置於胸前，使劍身橫於頭上方，目視前上方（圖67）。

2.歇步抱劍

身體左轉180°；隨轉體左腳碾轉，右腳稍回收，屈膝全蹲成歇步；右手握劍隨轉體向下、向左屈肘斜抱於體前，手心斜向上，左臂屈肘回收，左劍指附於右腕處；目視左前方（圖68）。

圖 68

圖 69

3. 弓步背劍前指

①身體立起，右腳向體右側上步；右手握劍向體右側平擺，手心向上，左劍指向體左側伸出，與肩同高，手心斜向下；目視劍尖（圖69）。

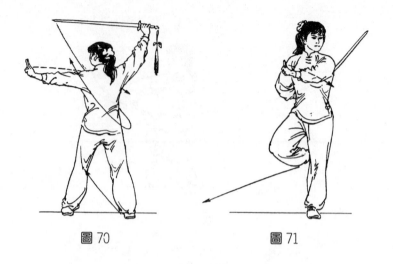

圖 70   圖 71

②身體右轉180°；左腳隨轉體向左上步成開立步；同時右手握劍直臂向前上方擺起，隨之臂內旋，以腕為軸，仰頭，使劍身在臉上方平雲一周，橫劍架於頭上方，左劍指隨轉體平擺180°；目視左斜前方（圖70）。

③身體右轉180°；同時右腿屈膝，右腳向體後抬起，左腳隨轉體碾轉；隨轉體，右手握劍扣腕，使劍尖向下貼身經右腰側，向背左側伸出，右手背貼於腰背處，左臂屈肘左劍指回收，立於右肩前；目視斜前方（圖71）。

④右腳向右落步，屈膝成弓步，左劍指前伸，直臂與肩同高；目視劍指（圖72）。

4. 撩腕花提脖前指

①身體右轉約90°；同時右腿支撐站立，左腳回收半步，腳尖點地；右手握劍向下反撩，隨之臂外旋前上舉，虎口向上，左劍指向右平擺，立於右腕處；目視劍尖（圖73）。

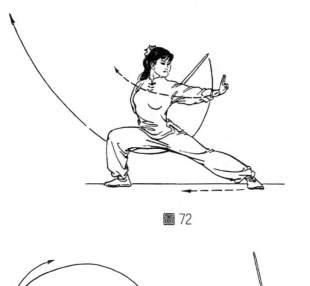

圖 72

圖 73　　　　　　　　　　圖 74

　　②身體左轉約 90°；左腿屈膝提起；右手握劍，以腕為軸，在臂前向上貼身立圓繞環，隨之臂外旋稍上舉，左劍指隨轉體前伸，直臂約與胸同高；目視劍指（圖 74）。

圖 75

【要點】：轉身雲劍，歇步抱劍兩個動作要緊密銜接，不可有停頓。提膝前指時要快速向左擰腰，上體稍前傾。

（四）臂劍、絞劍、截劍動作組合

1. 叉步劈劍

①兩腳併步站立；右手握劍直臂前伸，虎口向上，左劍指立於右臂內側；目視前方（圖75）。

②右腳向前上步、屈膝、腳尖外擺，左腿膝關節伸直，腳跟離地；右手握劍臂內旋，直臂向上、向後劈劍，與肩同高，左劍指向下、向前繞至頭左上方；目視劍尖（圖76）。

2. 提膝刺劍

①左腳向前上步；右手握劍臂外旋向上、向前斜劈，

圖 76

圖 77

左劍指直臂向下、向後擺起，與肩同高；目視前方（圖
77）。

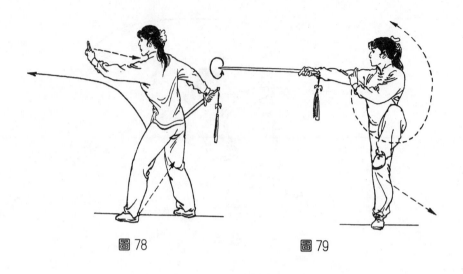

圖 78　　　　　　　　　　圖 79

②身體左轉約 180°；隨轉體右腳向後退步，左腳碾轉，右手握劍，以腕為軸，在臂前貼身向下立圓繞環，隨之劍尖繼續向下、向前繞環提於體右側，劍身前部與髖同高；目視劍指（圖 78）。

③身體繼續左轉 90°；右腿支撐站立，左腿屈膝提起，右手握劍屈肘上提，使劍經腰側直臂向右刺劍，與肩同高，手心向上，左臂屈肘，左劍指回收，立於右肩前；目視劍尖（圖 79）。

3. 退步絞劍

①身體稍右轉；左腳向後退步、屈膝，重心移至左腿，右腳跟離地；右手握劍，以腕為軸，逆時針絞劍，左劍指向下、向左繞至頭左上方；目視前方（圖 80）。

圖 80

圖 81

②右腳向後退步，屈膝，腳尖點地，兩腿交叉半蹲；
右手握劍，以腕為軸，逆時針絞劍；目視前方（圖81）。

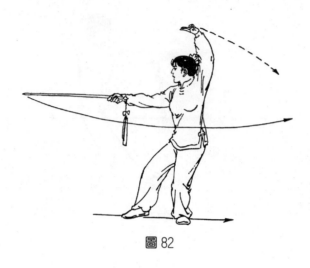

圖82

③左腳向後退步，屈膝；右手握劍，以腕為軸，逆時針絞劍；目視前方（圖82）。

4. 仆步截劍

①右腳向後退步，屈膝半蹲；右手握劍屈肘向左平擺，左劍指向左側下落略高於肩，目視前方（圖83）。

②身體右轉約90°；兩腳隨轉體碾轉成開立步；同時右手握劍向前、向上擺起，隨之臂內旋，以腕為軸，仰頭，使劍身在臉上方平雲一周；隨轉體，左劍指向右上方擺起，附於右腕處；目視前方（圖84）。

③身體繼續右轉180°；隨轉體，右腿支撐站立，左腿屈膝，左腳向後抬起，貼於右膝窩處；同時右手握劍屈肘下落；目視左斜前方（圖85）。

圖 83　　　　　　　　圖 84

圖 85

圖 86

④左腳向左落步，屈膝全蹲，右腿平鋪成仆步；右手握
劍向右下直臂截出。左劍指向左伸出，直臂，高於頭，目視
劍尖（圖86）。

【要點】：絞劍動作要做到以腕為軸，圈大如碗口，一
步一劍，上下協調一致。

（五）穿劍、壓劍動作組合

1.行步穿劍

①右腿支撐站立，左腳點於右腳前成前點步；右手握
劍直臂上舉，左劍指按於左胯旁；目視左前方（圖87）。

②身體稍右轉；左腳向後退步，腳尖點地；右手握劍
直臂向下、向後掄擺，左劍指向上經體左側繞至體前斜上
方；目視劍指（圖88）。

③右手握劍繼續向上、向前掄擺，左劍指向下繞至體
後，與腰同高；目視前方（圖89）。

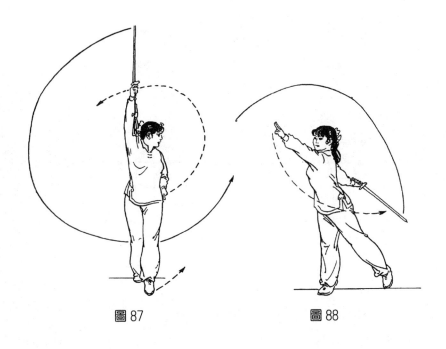

圖 87   圖 88

圖 89

圖 90　　　　　　　　　圖 91

④身體左轉 180°；左腳跟隨轉體下落，稍屈膝，右腳跟抬起；同時右手握劍下落於體前，隨之臂外旋，使劍尖經左腰側向體前平穿，手心向上，劍尖與胸同高，左劍指隨轉體向下經體左側繞至頭左上方；目視前方（圖 90）。

⑤右腳經左腳內側向前上步，腳尖外擺（圖 91）。

⑥左腳經右腳內側向前上步（圖 92）。

⑦身體稍右轉；右腳經左腳內側上步，腳尖外擺（圖 93）。

2. 弓步崩劍

①身體右轉約 90°；隨轉體，左腳向右腳內側併步，腳跟離地碾轉；右手握劍向上、向前擺起，隨之臂內旋，以腕為軸，抬頭，使劍身在臉上方平雲一周，左劍指下落立於右肩前；目視左斜前方（圖 94）。

圖 92　　　　　　　　　　圖 93

圖 94

圖95　　　　　　　　　　　圖96

②右腳向右開步，屈膝成弓步；右手握劍直臂向體右側下落，隨之臂內旋，沉腕，使劍尖向左上方崩起，右手握劍貼靠腹前，劍尖與頭同高，左劍指向下，經體左側向上繞至右腕處；目視左前方（圖95）。

3. 弓步壓劍

重心左移，左腿屈膝成弓步；右手握劍，以腕為軸向左下壓，手心斜向上，劍尖與鼻同高，左劍指向下經體左側繞至頭左上方；自視劍尖（圖96）。

【要點】：行步要平穩連貫，走弧形。不可一步完成穿劍動作，要邊走邊穿，上下相隨。

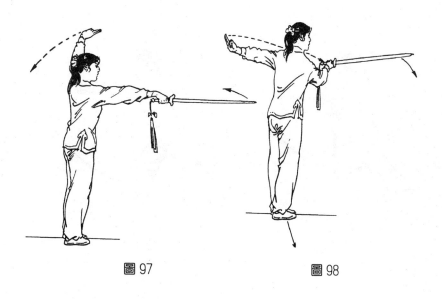

圖 97   圖 98

(六)抹劍、掛劍動作組合

1. 左右抹劍

①兩腳併步站立，右手握劍直臂前平舉，虎口向上，左劍指架於頭上方；目視前方（圖97）。

②上體稍左轉；右手握劍臂外旋，隨轉體向左弧形抽回，手心向上，左劍指向斜後方下落與肩同高，目視左前方（圖98）。

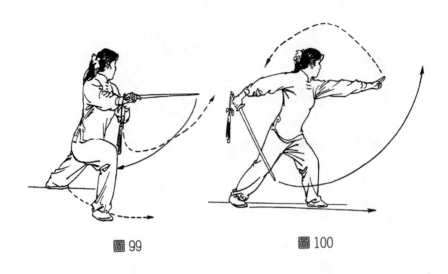

圖 99　　　　　　　　　圖 100

③上體右轉，右腳向右開步，屈膝成弓步；右手握劍臂內旋，隨轉體向右弧形抽回，手心向下，左劍指向右平擺，附於右腕處；目視前方（圖99）。

2. 翻身掛劍

①左腳經右腳內側向前上步，稍屈膝；右手握劍下落於體右側，劍尖與膝同高，左劍指下落經腹前直臂上挑，與肩同高，虎口向上，目視劍指（圖100）。

②右腳向前上步，稍屈膝；右手握劍直臂向前上方掛起，左劍指向上、向後擺，與肩同高；目視前方（圖101）。

③左腳向右腳內側併步，兩腿膝關節伸直，腳跟稍離地；右手握劍繼續上掛，左劍指向下經體前上擺，附於右腕處；目視前方（圖102）。

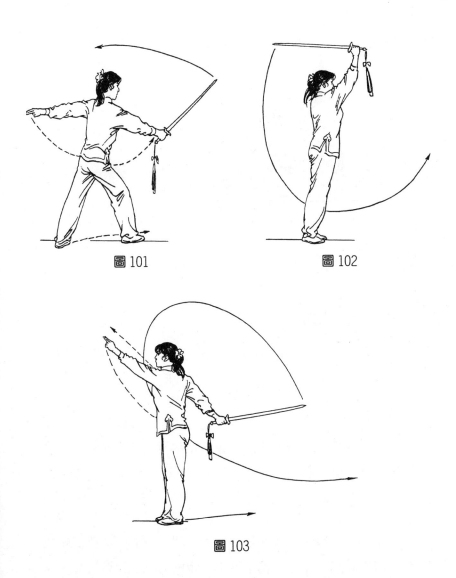

圖 101　　　　　　　　圖 102

圖 103

④身體向右轉 180°；兩腳隨轉體碾轉；同時右手握劍
隨轉體向下、向後掛起，劍尖與腰同高，左劍指前伸，與頭
同高，虎口向上；目視劍指（圖 103）。

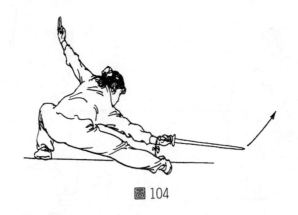

圖104

3. 仆步反穿劍

右腳向後撤步，隨之身體右轉約 90°，左腿屈膝全蹲，右腿平鋪成仆步；右手握劍向上掛起，隨之扣腕，使劍尖向下經腹前順右腿內側直臂穿出，劍身約離地面 20 公分，左劍指下落，隨之屈肘臂外旋，當劍尖向下經腹前時，左劍指經腹前向上穿出，然後臂再內旋，向左斜上方直臂伸出，虎口斜向下；目視劍尖（圖104）。

4. 弓步壓劍

①重心右移，右腿屈膝成右弓步；右手握劍繼續前穿，與肩同高，左劍指稍下落；目視前方（圖105）。

②身體右移約 90°；隨轉體，右腳碾轉，左腳向右腳內側併步，成半蹲；右手握劍稍上抬，左劍指向下經體前向上擺起，附於右腕處；目視劍尖（圖106）。

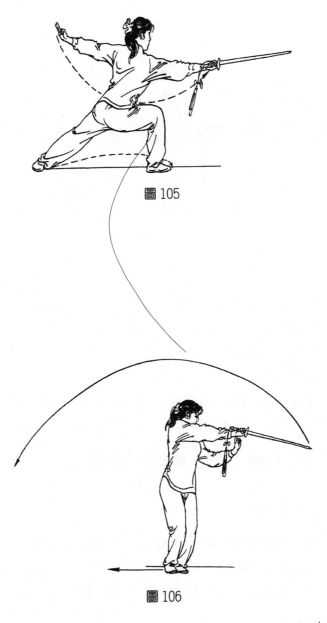

圖105

圖106

圖 107

③右腳向右開步、屈膝，上體右轉成右弓步；右手握劍臂外旋向上、向前直臂下壓，劍身橫平，與腰同高，虎口向下，左劍指後伸，直臂略高於肩，虎口向上；目視劍尖（圖 107）。

【要點】：仆步反穿劍時，劍要貼身沿右腿內側穿出，當重心前移後，迅速接做弓步壓劍動作，不可有停頓。

(七) 擦劍、帶劍、刺劍動作組合

1. 上步右撩劍

①兩腳併步站立；右手握劍直臂架於左上方，左劍指立於右肩前；目視前方（圖 108）。

②左腳向前進步，稍屈膝；右手握劍直臂向後下落，

圖 108

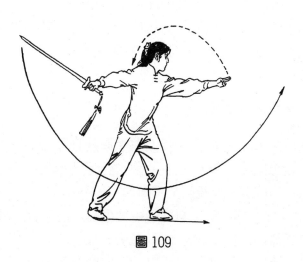

圖 109

左劍指向下經腹前直臂前挑,與肩同高,虎口向上;目視前
方(圖 109)。

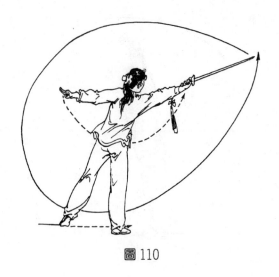

圖 110

③右腳向前上步，膝關節伸直，重心右傾，左腿膝關
節伸直，腳跟離地，右手握劍直臂向下經體右側向前上方撩
出，左劍指直臂向上繞至體後，略低於肩，虎口向下；目視
劍尖（圖110）。

2.轉身併步左撩劍

①左腳向右腳內側併步；右手握劍直臂向上經體左側
向前上方撩出，左劍指在右手握劍繞至體左側時，與劍同行
隨即附於右腕處；目視劍尖（圖111）。

②身體右轉180°；兩腳隨轉體碾轉；右手握劍隨轉體
向上擺至體前；目視前方（圖112）。

③右腳向後撤步，腳尖點地，右腿膝關節彎屈；右手
握劍，以腕為軸，在右臂外側向下畫立圓繞環；目視前方
（圖113）。

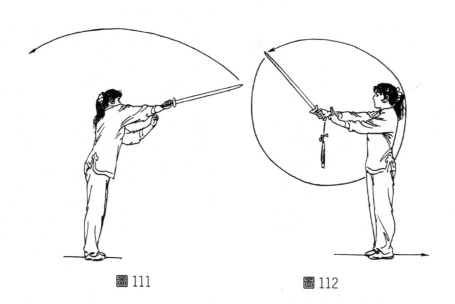

圖 111　　　　　　　　　　圖 112

圖 113

圖 114

④身體繼續右轉 180°；同時右腳隨轉體碾轉，左腳向
右腳內側併步；右手握劍隨轉體向下、向前直臂撩出，劍尖
與胸同高，虎口向下，左劍指與劍同行至腹前，當劍前撩
時，直臂向下、向後擺起，與肩同高，虎口向下；目視劍尖
（圖 114）。

3. 進步帶劍

右腳向前進步，屈膝，左腳跟離地；右手握劍屈肘回
帶，與嘴同高，左劍指向下、向前抬起，附於右腕處；目視
前方（圖 115）。

4. 上步刺劍

左腳向前上步，屈膝，右膝伸直，腳跟離地；右手握劍
臂外旋，屈肘下落經腰側向前直臂刺出，虎口向上，劍尖與

圖 115

圖 116

肩同高；左劍指向下經腹前向後直臂伸出，略高於肩，虎口
向上；目視劍尖（圖116）。

圖 117

5. 弓步刺劍

①左腿支撐站立，右腿屈膝提起；右手握劍，在右臂內側向下立圓繞環，隨之屈肘回帶於胸前，手心向裡，左臂屈肘回收，左劍指附於右腕處；目視前方（圖 117）。

②右腳向前落步，屈膝成弓步；右手握劍下落於腰間，隨之直臂前刺，與肩同高，虎口向上，左劍指直臂向後伸出，略高於肩，虎口向上；目視劍尖（圖 118）。

【要點】：該組動作要做到勢勢相連，一氣呵成，一步一劍，方法清晰。

（八）掛劍、撩劍動作組合

1. 上步左右掛劍

①兩腳併步站立；右手握劍向後反撩劍，劍尖與腰同

圖 118

圖 119

高，左劍指立於右肩前；目視劍尖（圖 119）。

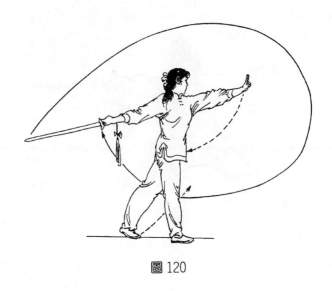

圖 120

②右腳向前進步，左腳跟離地；左劍指向上、向前畫弧，與頭同高，虎口斜向上；目視劍指（圖 120）。

③右腿支撐站立，左腿屈膝向上提起；上體稍前傾；右手握劍向上、向前經體左側向後掛起，劍尖與腰同高，左劍指下落，附於右腕處；目視前方（圖 121）。

④左腳向前落步，右腳跟離地；右手握劍繼續向上、向前掛起；目視前方（圖 122）。

⑤右腳向前上步，腳尖外擺，右腳跟離地；右手握劍向下經體右側向後掛起，劍尖與頭同高，左臂直臂前伸，劍指與眼同高，虎口向上；目視劍指（圖 123）。

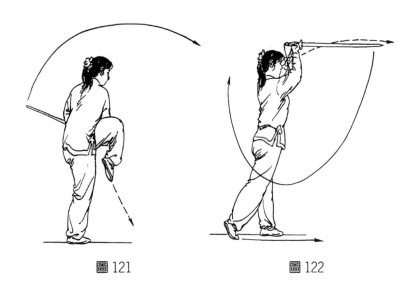

圖 121   圖 122

圖 123

圖 124　　　　　　　　圖 125

2. 蓋步背後穿掛劍

①左腳經右腳前向右蓋步；右手握劍向上掛起，隨之扣腕，使劍尖向下經腹前，順右腰間向背後左肩處穿出，手背緊貼腰背間，左劍指下落，在劍尖下落經腹前時，左臂外旋，隨之貼身向上、向左穿出，手心斜向上；目視劍指（圖124）。

②身體右轉約 270°；同時兩腳隨轉體碾轉；右手握劍臂外旋，隨轉體貼身向下、向上、向前掛起，當右手握劍向下離開背部時，左劍指下落，附於右腕處，隨之與劍同行；目視前方（圖125）。

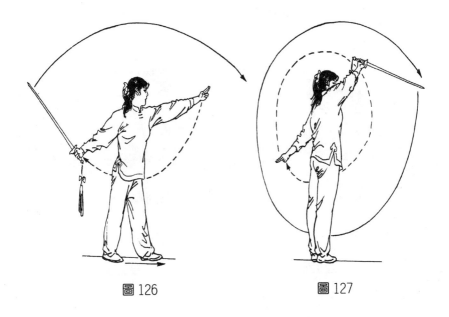

圖 126　　　　　　　　　圖 127

3. 翻身掄掛劍

①左腳向前上步；右手握劍向下經體右側向後掛起，劍尖與頭同高，左劍指直臂前伸與頭同高，虎口向上；目視劍指（圖 126）。

②右腳向左腳內側併步；右手握劍繼續上掛，左劍指向下直臂後擺；目視前方（圖 127）。

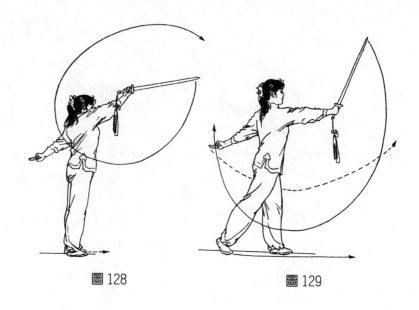

圖 128   圖 129

③身體左轉 360°；兩腳隨轉體碾轉；同時右手握劍隨轉體向下、向上掄掛一周，左劍指隨轉體向上、向後掄擺一周；目視前方（圖 128）。

4. 叉步反撩劍

①左腳向前上步，重心前移，右腳跟離地；右手握劍臂外旋，使虎口向上，隨之以腕為軸，在臂外側向下畫立圓繞環；目視前方（圖 129）。

圖130　　　　　　　　圖131

②右腳向前上步，屈膝，腳尖外擺，左腿伸直，腳跟離地；右手握劍向下、向後直臂反撩，握劍手稍高於頭，左劍指向下、向前擺至體左側；目視劍尖（圖130）。

【要點】：背後穿掛劍中的蓋步與碾轉不可有停頓，穿與掛動作要連貫圓活，右手背緊貼背部，但劍身不可觸及身體。翻身掛劍要走立圓。

(九)點劍、掃劍動作組合

1.上步左右掛劍

①兩腳併步站立；右手握劍直臂側平舉，手心向上，左劍指立於右肩前；目視右前方（圖131）。

圖132

②身體左轉 90°；左腿隨轉體向前進步；右手握劍臂內
旋，隨轉體向上、向前經體左側向後掛起，劍尖與耳同高，
左劍指向上、向前弧形下落，附於右腕處；目視前方（圖
132）。

③右腳向前上步，左腳跟離地；右手握劍向上、向前
經體右側向後掛起，劍尖與肩同高，左劍指隨劍向上、向前
抬起，隨之直臂前伸，與眼同高，虎口斜向上；目視劍指
（圖133）。

2. 歇步刺劍

①身體左轉 180°；兩腳隨轉體碾轉；右手握劍隨轉體向
上、向下掛於體左側，劍身與腰同高，左劍指隨轉體向下直
臂前挑，與肩同高，虎口向上；目視前方（圖134）。

圖 133

圖 134

圖 135

圖 136

　　②身體稍左轉，左腳碾轉成腳尖外擺，右腳跟離地，兩
腿屈膝全蹲成歇步；右手握劍直臂前刺，劍尖高離地面約
30公分，手心向上；左劍指向上直臂後擺，劍指高於頭，
虎口斜向下；目視劍尖（圖135）。

3. 丁步點劍

　　①身體稍立起，右腳向後撤步，腳尖點地；右手握劍
稍左擺，左臂屈肘回收，左劍指附於右腕處；目視劍尖

圖 137

圖 138

（圖 136）。

②身體右轉約 180°；隨轉體重心右移，稍屈膝；同時右手握劍隨轉體直臂右擺，隨之重心左移，左腿屈膝，右腿伸直，上體左傾，右手握劍，以腕為軸，使劍在體右側平雲，劍身斜立於臂側；目視劍尖（圖 137）。

③重心右移，右腿屈膝半蹲，左腳向右腳內側回收，腳前掌點地成丁步；右手握劍向右下點劍，劍尖與膝同高，左劍指向下、向左繞至頭上方，目視劍尖（圖 138）。

圖 139

4. 半蹲掃劍

①身體立起，左腳向左撤步；右手握劍臂外旋，手心向上，左劍指向右下落，附於右腕處；目視劍尖（圖 139）。

②身體左轉 180°；左腳隨轉體碾轉半蹲，右腳向左腳內側併步；同時右手握劍下落，隨轉體向左直臂平掃，隨之以腕為軸，向左平繞一周，劍尖與膝同高，虎口向下，左劍指隨轉體向左平擺，劍指高於頭，虎口斜向下；目視劍尖（圖 140）。

5. 高虛步上刺劍

①身體立起，右腿稍屈膝，左腳向右插步，稍屈膝，腳尖點地；左劍指向上、向右下落，附於右腕處；目視劍尖（圖 141）。

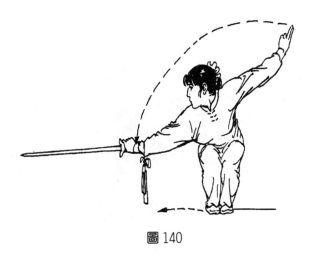

圖 140

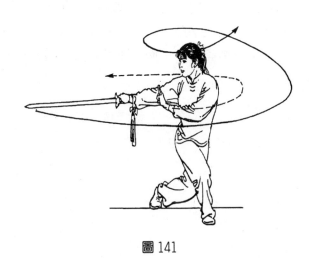

圖 141

圖 142

②身體左轉180°，稍立起；兩腳隨轉體碾轉；同時右手握劍隨轉體向右、向上平擺，隨之臂外旋，以腕為軸使劍平雲一周，左劍指隨轉體向左平擺，與肩同高，指尖向上；目視前方（圖142）。

圖 143 圖 144

③身體繼續左轉 180°；右腳隨轉體向右上步，腳尖稍
內扣；同時右手握劍隨轉體屈肘下落，劍柄貼靠右腰間，手
心向上，左劍指下落，附於右腕處；目視劍尖（圖 143）。

④右腿支撐站立，左腳經右腳內側向前上步，膝關節
伸直，腳尖點地成前點步；右手握劍直臂上刺，左劍指下
落，按於右胯旁；目視左前方（圖 144）。

【要點】：側身平雲劍時，重心的倒換要快速連貫，重
心左移與上體左傾雲劍動作要同時完成。掃劍與踝同高，左
轉半蹲與掃劍要協調一致。

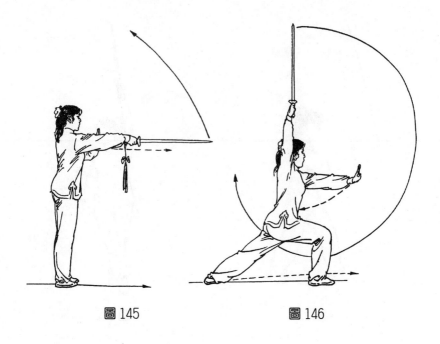

圖 145　　　　　圖 146

（十）挑劍、雲劍動作組合

1. 弓步挑劍

　　① 兩腳併步站立；右手握劍直臂前平舉，虎口向上，左劍指立於右臂內側；目視前方（圖 145）。

　　② 右腳向前進步，屈膝成弓步；右手握劍直臂上挑，右臂緊靠右耳側，劍尖向上，左劍指前伸，直臂，指尖向上，目視前方（圖 146）。

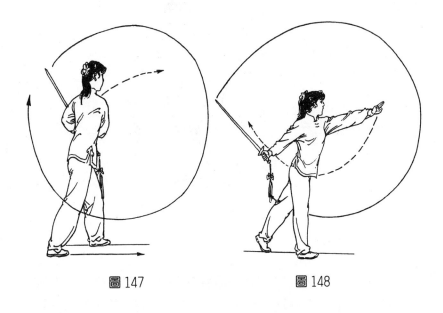

圖147　　　　　　　　圖148

2. 併步半蹲刺劍

①左腳向前上步，右手握劍向前、向下經體左側向後掛起，劍尖與耳同高，左劍指下落，附於右腕處；目視前方（圖147）。

②右腳向前上步，左腳跟離地；右手握劍向上、向前經體右側向後掛起，劍尖與肩同高，左劍指隨劍向上舉起，隨之直臂前伸，與頭同高，虎口斜向上；目視劍指（圖148）。

圖149

③身體左轉 180°；兩腳隨轉體碾轉，右膝稍屈，左腳尖點地；右手握劍隨轉體向上、向下掛於體右側，肘關節稍屈，劍尖略低於胯，左劍指隨轉體向下、向前，直臂挑起，與肩同高，虎口斜向上；目視劍指（圖149）。

④左腳向右腳內側回收併步，屈膝半蹲；右手握劍直臂前刺，與肩同高，虎口向上，左臂屈肘左劍指回收，立於右臂內側；目視劍尖（圖150）。

3. 坐盤反穿刺

①身體立起，右腳向後撤步，腳尖點地；右手握劍向下直臂後撩，劍尖與腰同高，虎口向下，左劍指前伸，與頭同高，虎口斜向上；目視劍指（圖151）。

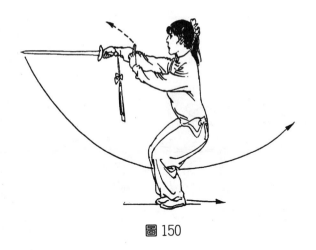

圖 150

圖 151

圖 152

②身體右轉，隨轉體左腳向右插步，屈膝全蹲成坐盤；同時右手握劍臂外旋向上、向前擺起，隨之隨身體右轉，右手扣腕，使劍尖向下經體前向右下穿出，劍尖離地面約 20 公分，虎口向下，左劍指向下屈肘回收，立於右肩前；目視劍尖（圖 152）。

4. 轉身雲接劍

①身體立起，向左轉體 180°；右手握劍隨轉體向右直臂平擺，與肩同高，左劍指隨轉體向左直臂平擺，虎口斜向下；目視右前方（圖 153）。

②身體左轉約 90°；右手握劍隨轉體向前、向上擺起，隨之臂外旋，以腕為軸，抬頭，使劍在臉上方平雲一周，左臂屈肘，左劍指上舉，虎口貼靠劍格處，手心斜向上；目視劍柄（圖 154）。

圖 153

圖 154

圖 155　　　　　　　　　　　　　　圖 156

③右腳向右後方撤步，身體右轉約 90°，右腿屈膝；左手接過劍，手腕下壓使劍尖向後，劍身貼近左臂，手心斜向下；右手變劍指，隨轉體向下、向左擺起，略低於肩，虎口向上；目視右劍指（圖 155）。

5.盤步持劍

身體左轉約 90°；右腿屈膝半蹲，左腳稍內收，左膝稍屈，腳尖點地成虛步；右手握劍向下屈肘回收，劍身垂直立於體前，右劍指隨轉體向上繞至體前附於左腕處；目視前方（圖 156）。

【要點】：併步刺劍接坐盤反穿劍動作，重心要先起後落，胸要先展後含，坐盤與反穿劍要同時完成。

三段劍術規定考核套路詳解

動作名稱

預備勢

第 一 段

1. 起　勢
2. 弓步刺劍
3. 叉步斬劍
4. 弓步劈劍
5. 歇步崩劍
6. 弓步削劍
7. 左右掛劍
8. 叉步壓劍
9. 提膝點劍

第 二 段

10. 併步刺劍
11. 弓步挑劍
12. 歇步劈劍
13. 上步截腕
14. 跳步撩劍
15. 仆步壓劍
16. 提膝刺劍
17. 弓步抹劍
18. 收　勢

動作說明

預備勢

　　兩腳併步站立；左手持劍於體左側，肘關節微屈，右手成劍指垂於體右側；目視前方（圖157）。

　　【要點】：兩肩鬆沉，稍收腹，挺胸，兩膝伸直。

圖 157   圖 158

1. 起　勢

　　(1) 兩臂屈肘微上提，右腕稍內扣；同時向左轉頭，目
視左前方（圖 158）。

　　(2) 身體左轉約 90°；隨轉體左腳向前上步屈膝成弓
步；同時左手持劍隨轉體向上經右胸前繞至體前，與肩同
高，手心斜向下，右劍指向後抬起，與肩同高，手心向下；
目視前方（圖 159）。

　　(3) 重心前移，右腳向左腳靠攏成併步；同時左手持劍
下落於體左側，右劍指向上經耳側向前伸出，與肩同高，手
心斜向前；目視前方（圖 160）。

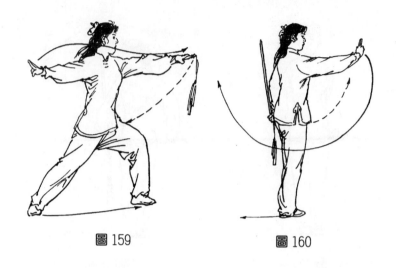

圖 159　　　　　　　　　圖 160

（4）右腳向後撤步，左腿屈膝；同時左手持劍向前平舉，與肩同高，手心斜向下，右劍指向下後擺，與肩同高，手心向右；目視前方（圖 161）。

（5）重心後移，右腿屈膝半蹲，左腳稍後撤成虛步；左臂屈肘回收，左手持劍位於胸前，手心向右，右臂屈肘回收，右劍指位於胸前，手心向左，準備接握左手之劍；目視前方（圖 162）。

【要點】：兩臂屈肘微上提與向左轉頭要快捷；併步前指時上體稍前傾。右手接握左手之劍時要緊貼劍的護手盤。

2. 弓步刺劍

重心前移，左腳向前進步，屈膝，右腿膝關節伸直成弓步；同時右手接握劍下落於右側腰部時，再向體前直臂刺出，與肩同高，虎口向上，左劍指隨右手握劍下落於右側腰部後，再向體後直臂伸出，略低於肩，手心向左；目視

劍術、刀術入門與精進

圖 161

圖 162　　　　　　圖 163

劍尖（圖 163）。

　　【要點】：向左擰腰，右臂前順，左臂後展，兩肩鬆沉。

圖 164   圖 165

3. 叉步斬劍

重心前移，右腳向前上步，屈膝，腳尖稍外展，左腳跟
離地，膝關節伸直成叉步；同時上體右轉；右手握劍隨轉體
向右平斬，與肩同高，手心向下，左劍指向下、向前、向上
繞至頭部左上方；目視劍尖（圖 164）。

【要點】：上步、轉體與平斬要協調一致，腰要向右擰
轉，劍、臂成一直線。

4. 弓步劈劍

重心前移，上體稍左轉；左腳向前上步，屈膝，右腿膝
關節伸直成弓步；同時右手握劍向上、向前下劈，與肩同
高，虎口側劍刃向上，左劍指向下經右胸前再向左繞至頭部
上方；目視劍尖（圖 165）。

【要點】：左劍指下落與劍的上舉要同時，劍的前劈與
劍指要同時到位。

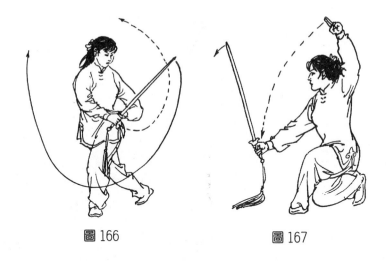

圖 166　　　　　　　　圖 167

5. 歇步崩劍

（1）身體右轉約 90°；同時右腳隨轉體向體左側插步，前腳掌點地，兩腿膝關節彎曲；右手握劍扣腕下落於腹前，左劍指下落附於右手腕處；目視劍尖（圖 166）。

（2）身體稍右轉；同時兩腿屈膝全蹲成歇步；右手握劍向下、向前撩至與腰同高時，隨即臂外旋，使虎口側劍刃向上，扣腕，劍上崩，劍尖略高於頭部，左劍指向左、向上繞至頭部左上方；目視前方（圖 167）。

【要點】：右腳後撤成歇步時動作要連貫，轉體崩劍時劍尖不可觸及地面。

6. 弓步削劍

（1）身體立起並右轉約 90°；同時劍尖下落與腰同高，手心斜向上，左劍指下落附於右手腕處，手心斜向下；目視

圖 168

圖 169

劍尖（圖 168）。

　　(2)身體繼續右轉約 90°；同時右腳隨轉體向前進步，
屈膝成弓步；右手握劍直臂向體前削出，劍尖略高於頭部，
手心向上，左劍指後展，與腰同高，手心向下；目視劍尖
（圖 169）。

圖 170　　　　　　　圖 171

【要點】：轉身削劍要快速，力達虎口側劍刃的前端。

7. 左右掛劍

（1）重心後移，左腿支撐站立，右腳回撤，前腳掌點地；同時上體稍左轉，右手握劍臂內旋，使虎口側劍刃向下，隨即扣腕向下、向左掛起，與腰同高，虎口側劍刃向上，左劍指屈肘回收附於右手腕處，手心斜向下；目視劍尖（圖170）。

（2）身體右轉約180°；隨轉體右腳向左進步，屈膝，左腳跟離地，膝關節伸直成叉步；同時右手握劍向上、向前再向右掛起，劍尖高於頭部，右手握劍與腰同高，虎口向上，左劍指隨右手掛劍至體前與腰同高時，再向體左側伸出，與頭部同高，虎口斜向上；目視右前方（圖171）。

【要點】：左右掛劍時動作要連貫圓活，劍走立圓。

圖172　　　　　　　　圖173

8. 叉步壓劍

　　左腳向體左側上步，隨即右腳經左腳後向左插步，腳前
掌點地，膝關節伸直，左腿膝關節彎曲成叉步；右手握劍臂
外旋上舉，隨之向體左側下壓，劍尖略高於肩，右手握劍於
左側腰部，虎口向上，左劍指向上屈肘下落於右手腕處，手
心向下；目視劍尖（圖172）。

　　【要點】：叉步與劍的下壓要同時完成，腰向左擰轉。

9. 提膝點劍

　　（1）身體右轉約180°；同時兩膝伸直；右手握劍隨轉體
上架，左劍指向下、向左直臂抬起，與腰同高，手心向下；
目視右前方（圖173）。

圖174

(2) 右腿支撐站立，左腿屈膝向前提起；右手握劍直臂向右下落至與腰同高時，隨即提腕下點，虎口側劍刃向上，右劍指上舉於頭部左上方；目視劍尖（圖174）。

【要點】：轉身下點要快速、連貫，左膝儘可能上提，上體稍右傾。

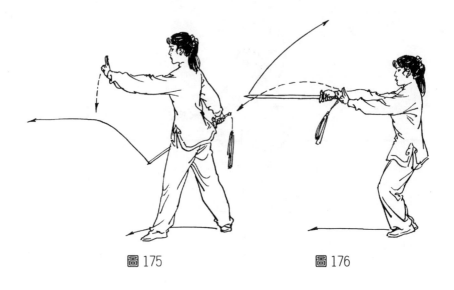

圖 175　　　　　　　　圖 176

第二段

10. 併步刺劍

　　⑴ 身體左轉約 90°；左腳隨轉體向前落步；右手握劍臂內旋扣腕，使劍提於胯旁，左劍指下落經右胸前向體前挑起，與肩同高，手心斜向前；目視前方（圖 175）。

　　⑵ 右腳向左腳併步，兩腿屈膝半蹲；右手握劍向體前直刺，與肩同高，虎口側劍刃向上，左劍指回收附於右手腕處，手心斜向下；目視劍尖（圖 176）。

　　【要點】：併步半蹲時要挺胸立腰，不可凸臀。

圖177

11. 弓步挑劍

　　右腳向前上步，屈膝，左腿膝關節伸直成弓步；右手握劍直臂上挑，劍尖向上，手心向左，左劍指直臂前指，與肩同高，手心斜向前；目視前方（圖177）。

　　【要點】：腰微向右擰，左肩前順，右臂貼近耳側。

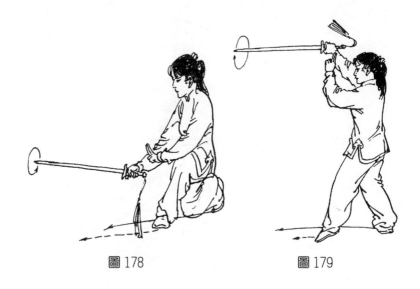

圖178　　　　　　圖179

12.歇步劈劍

重心前移，左腳向前上步，腳尖外展，右腳跟離地，兩腿屈膝全蹲成歇步；右手握劍直臂向體前下劈，劍尖與腰同高，虎口側劍刃向上，左劍指回收附於右前臂內側，手心斜向下；目視劍尖（圖178）。

【要點】：歇步兩腿要盤緊，下劈時腰向左擰轉，右臂伸直，劍身與地面平行。

13.上步截腕

(1) 身體立起；右腳向前上步，隨之左腳再向前上步成虛步；同時右手握劍，以腕為軸，逆時針畫弧一周後，隨上步架起，手心向右；目視前方（圖179）。

(2) 左腳向前進步，隨之右腳再向前上步成虛步；同時

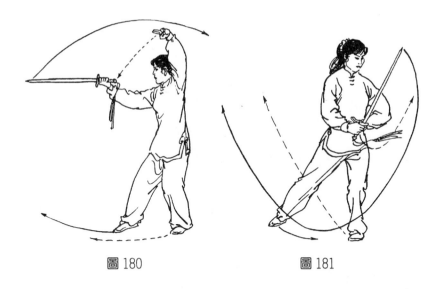

右手握劍，以腕為軸，順時針畫弧一周後隨上步托起，手心
向右，左劍指向下經右胸前向左、向上繞至頭部左上方；目
視前方（圖180）。

　【要點】：上步要敏捷，身械配合要協調，截腕劍畫弧
不宜太大。

14. 跳步撩劍

　（1）左腳向前上步，腳尖外展，隨之身體左轉，右腳隨
轉體向體右側擺起；右手握劍向上、向左下落，劍尖略高於
頭部，右手握劍於腹前左側，虎口向上，左劍指下落附於右
手腕處，手心斜向下；目視左前方（圖181）。

　（2）左腳蹬地起跳，同時右腳下落支撐站立，左腳向體
後撩踢成望月平衡；右手握劍向下、向後直臂撩出，劍尖略
高於頭部，小指側劍刃向上，左劍指向下、向左挑起，與頭

圖 182

部同高；目視劍尖（圖182）。

【要點】：右腳落地支撐站立時要五趾抓地，膝關節伸直。望月平衡要上體側傾，挺胸塌腰，向左擰轉，右小腿屈收，腳面繃平，腳底向上。

15.仆步壓劍

（1）身體右轉約90°；隨轉體右腳碾轉，左腳向體左側落步，稍屈膝；右手握劍，以腕為軸，立劍在體前向下貼身立圓繞環一周，隨之臂外旋，使手心翻轉向上；目視劍尖（圖183）。

（2）左腿屈膝全蹲，右腿平鋪成仆步；同時右手握劍屈肘回帶，下壓於腹前，劍尖與胸同高，左臂屈肘回收，附於右手腕處，手心向下；目視劍尖（圖184）。

圖 183

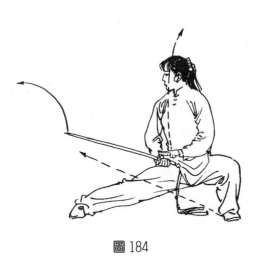

圖 184

【要點】：右腿平鋪時要挺膝，全腳著地，腳尖內扣，
左腿全蹲時，左腳跟不得離地，挺胸立腰。

圖 185

16. 提膝刺劍

重心右移，身體立起，右腿支撐站立，左腿屈膝向體前提起；同時右手握劍向體右側直臂刺出，與肩同高，手心向上，左劍指向上架起，位於頭部左上方；目視劍尖（圖185）。

【要點】：重心右移時腳不可移動，左腳直接提起，動作要乾淨俐落。

圖186

17. 弓步抹劍

身體左轉約 90°；隨轉體左腳向前落步，屈膝，右腿膝
關節伸直成弓步；右手握劍隨轉體向前平抹，與肩同高，手
心向上，左劍指下落經右胸前向左、向上繞至頭部左上方，
手心向前；目視劍尖（圖186）。

【要點】：平抹劍時，手腕用力須柔和。

圖 187

圖 188

18. 收　勢

（1）身體右轉約 90°；同時重心右移，右腿屈膝，左腿膝關節伸直；右手握劍，右臂屈肘回帶於體前，與肩同高，手心向裡，左劍指下落附於右手腕處，變掌，準備接握右手之劍；目視劍尖（圖 187）。

（2）重心左移，右腳向左腳併攏，併步站立；左手接劍下落於身體左側，手心向後，右手變劍指向下、向右抬起，再屈肘經耳側直臂下落，手心向左；目視前方（圖 188）。

【要點】：重心左右移動時要快速連貫，接劍要圓活。

第二篇 刀術練習

刀術簡介

短柄刀的運用方法和運動形式統稱「刀術」。現在武術運動還將短柄刀的各種套路運動泛稱為「刀術」。

早在原始社會，就有了石刀、骨刀、蚌刀、角刀等做為生產工具。商代已有銅錫合金製成的青銅刀。在周代末期出現了鐵刀。春秋戰國時期，戰場上刀劍交錯，要求人們赴火蹈刀，死不旋踵。到了漢代，刀的製作更加精良，成為戰場上短兵相搏的重要武器。

歷史上，刀術不僅有技擊方面的記載，也有飲酒舞刀，以為娛樂的敘述。刀術在其漫長的發展歷史中，一直是沿著兩人「相擊」和單人「舞練」兩種形式發展。至明清對刀術的認識和見解更趨成熟，形成了搏殺的技擊性，舞練的表演性，授受刀術具有理論性。

刀術套路琳琅滿目，有太極刀、梅花刀、八卦刀、少林刀等等。短柄刀的種類也很多，有環刀、長刀、手刀、腰

刀、佩刀、鬼頭刀、響環刀、象鼻刀等。近現代武術運動中，泛指為「單刀」，並以清代的腰刀為其基本形制，其構造包括刀尖、刀身、刀刃、刀背、護手和刀柄，並配置刀鞘和刀彩。現行的《武術競賽規則》還規定，刀的長度以直臂垂肘抱刀的姿勢為準，刀尖不得低於本人的耳上端。刀的重量（包括刀形）成年男子用刀不得輕於 0.7 千克，成年女子用刀不得輕於 0.6 千克，少年、兒童不受限制。

刀的主要方法有劈、扎、斬、撩、纏頭裹腦，還有雲、砍、崩、挑、點、抹等刀法。其運動特點是勇猛快速、激烈奔放、緊密纏身、雄健剽悍。

刀各部位名稱圖

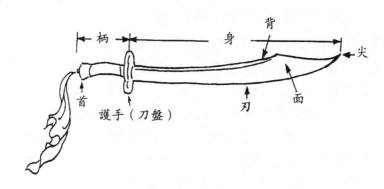

刀術基本技法

武術的各拳種和流派都有各自的刀術，風格特點也都隨著拳種、流派不同而各異，但基本技法還是比較一致的，概括起來有以下四點。

(一) 刀法分明

武術器械種類繁多，由於形制的不同，決定了其使用的方法也不盡相同。刀術的攻防主要體現在刀尖、刀刃、刀背上。刀尖銳利，主於扎刺；刀刃鋒利，主於劈砍斬撩；刀背厚鈍，主於貼身近衛。刀術的每一種方法都有著嚴格的要求，不可混淆。例如劈刀，刀刃向下，著力點在刀刃前部；砍刀，刀刃斜向下，著力點則在刀刃後部。

運動路線與著力點的不同，決定其技擊方法的不同。每一個初學者一定要在刀的基本方法上下功夫，做到路線清晰，力點準確，刀法分明。

(二) 勢猛法詐

刀的構造與使用方法，決定了刀術尚猛的技擊特點。單刀屬短兵，在與長兵對抗時，往往處於遠攻的不利地位，必須迅速勇猛地逼近對手，使其械揮舞不開，避其之長，充分利用己之短器械的特點達到以短制長。強調「短兵利在速進」，要充分發揮「刀之利，利在砍」的主要攻擊方法。

另外，歷來有「刀走黑」的說法，這不僅是指刀法快疾、狠毒，刀下無情，其中還含有奇詐詭秘，真真假假，避實擊虛，人莫能測。它提示了練刀不但要其勢勇猛，而且還要刀法詭詐。

(三) 儇跳超距

刀術在技擊中，欲達到「持短入長」，必須採用遠躍高跳，倏忽縱橫的方法，才能奏效。因此素有「短見長，腳下

忙」之說。「僄跳超距」就是要求刀術運動中要步法迅疾，眼快腿捷，跳躍輕靈，刀法勇猛，逼近對手，才能發揮刀的威力。因此，在刀術套路中，奔跑、跳躍動作較多。纏頭裹腦、扎刀、臂刀常在快速的行進跑跳中完成，勢如猛虎下山，威不可當。這一技法，使刀術套路運動展現出一往無前、勇猛慓悍的運動風格。

（四）刀手配合

拳諺說「單刀看手，雙刀看走」。刀術練習特別講究持刀之手與閑手按技術要求密切配合。刀手的配合要依據「順領合擊、反向對稱」的原理移動。例如，抹刀、帶刀、撩刀適於順領；劈刀、砍刀、掛刀適於合擊；扎刀、分刀、截刀適於反向對稱。

但由於刀的方法多，動作之間結構不同，刀手的配合形式也是多樣的，同一種刀法可有多種配合。無論是採用何種配合方法，都要有助於肢體在運動中的穩固和諧，便於動作間的銜接與發力，使其既對稱美觀，又符合技擊法則。

刀術基本方法

（一）抱　刀

併步站立；左手持刀，刀尖向上，刀背貼於左臂，肘關節微屈，右臂垂於身體右側；目視前方（圖1）。

【要點】：食指和中指夾住刀柄，食指和拇指扣住刀刃側護手盤，中指、無名指和小指托住護手盤。

圖1　　　　　　　　　圖2

【技擊含義】：抱刀屬持器械的一種方法，用於預備勢或收勢動作。

【易犯錯誤】：刀不垂直，刀不向前。

【糾正方法】：調整抱刀手屈腕的角度，使刀尖向上，刀背靠住肘前側，使刀刃向前。

（二）握　刀

併步站立；右臂下垂，右手虎口貼靠護手盤，五指屈握刀柄，刀尖向前；目視前方（圖2）。

【要點】：手腕要靈活自然，隨刀法變換，適當調整握力。

【技擊含義】：握刀是持握器械的方法，由此變換出各種進攻與防守動作。

【易犯錯誤】：虎口遠離護手盤。

【糾正方法】：以虎口環繞刀把，並靠近護手盤。

註：握刀的基本方法與握劍相同，可參見第一篇握劍。

(三)纏頭刀

1.開步站立；右手持刀於體側，刀尖向前，左臂前舉，肘關節微屈，指尖向上，成側立掌；目視前方（圖3）。

2.右臂內旋上舉，刀尖下垂，刀背繞至左肩，左臂屈肘左掌擺至右上臂外側，成立掌（圖4）。

3.刀背貼背繞過右肩，向左平掃至左腋下，刀刃向左，刀尖向後上方，左掌向左、向上架於頭上方（圖5）。

【要點】：肩要鬆沉，以腕的轉動引導肘關節隨動，使刀背貼近

圖3

圖4　　　　　　　　圖5

肩背，同時左手需協調配合。

【技擊含義】：纏頭刀屬防守性刀法，意在以刀身格擋從不同方向朝我頭、肩、胸、背部攻擊的兵械，並順勢反擊對方。

【易犯錯誤】：刀尖不下垂，刀背不貼身。

【糾正方法】：抓握刀柄不可過緊，臂內旋、扣腕、虎口向下，刀身豎直，使刀背貼肩背而過。

(四) 裹腦刀

1.開步站立；右手持刀置於左腋下，刀刃斜向後，刀尖向後上方，左掌架於頭上方；目視前方（圖6）。

2.右手持刀，向右平掃至體前再臂外旋上舉，使刀尖下垂，刀背沿右肩貼背繞至左肩，左掌向左下落至平舉再屈肘平擺至右腋下（圖7）。

圖6

圖7

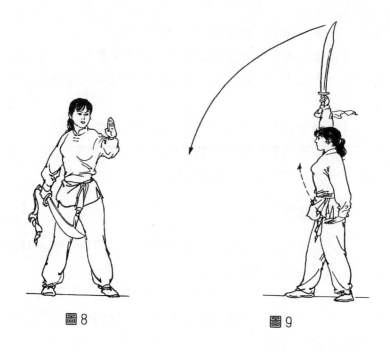

圖8   圖9

3.右手持刀下落，置於身體右側，刀尖向左前，左手向前推出成立掌（圖8）。

其要點、技擊含義、易犯錯誤及糾正方法基本同纏頭刀，只是因刀繞轉方向的不同區分為纏頭刀與裹腦刀。

（五）劈　刀

1.右腳在前，錯步站立；右手持刀上舉，刀刃向前，刀尖向上，左掌按於胯旁；目視前方（圖9）

2.右手持刀，由上向下直臂劈至體前，左掌屈肘上合，置於右肩前（圖10）。

註：掄劈刀沿身體右側或左側掄一立圓。

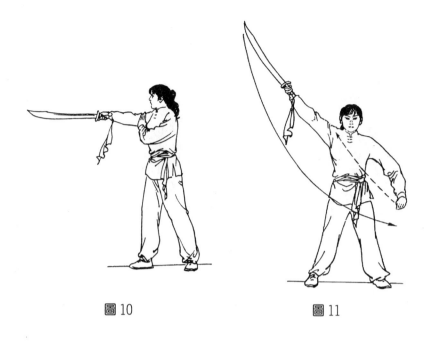

圖 10　　　　　　　　　　　圖 11

【要點】：臂與刀成一條直線，力達刀刃前部。

【技擊含義】：劈刀屬進攻性刀法，意在劈擊對方頭、肩部。

【易犯錯誤】：刀與臂不成直線。

【糾正方法】：順肩、伸臂、直腕，使刀把末端貼靠前臂。加強手腕、手臂力量訓練。

(六)砍　刀

1.開步站立；右手持刀直臂舉於右斜上方，左掌按於胯旁；目視前方（圖11）。

圖12　　　　　　　　圖13

2.右手持刀，直臂向左下方斜砍，同時左掌上合，立掌於右肩前；目視刀尖（圖12）。

【要點】：刀尖稍翹起，以刀根部帶動刀身向下斜砍。

【技擊含義】：砍刀屬進攻性刀法，意在斜向砍擊對方的肢體或器械。

【易犯錯誤】：力點不準確。

【糾正方法】：滿把握住刀柄，旋臂斜向砍擊，力達刀刃後部。

(七)截　刀

1.左腳在前，錯步站立；右手持刀，直臂前舉，左掌立於右肩前；目視前方（圖13）。

2.身體右轉，左腳收至右腳內側成丁步；隨轉體，右手持刀，刀刃斜向下截至身體右側，同時左掌直臂向左斜上方

圖 14

分掌；目視刀尖（圖 14）。

【要點】：以短促的爆發力使刀向斜下猛擊，力達刀刃前部。

【技擊含義】：截刀為攻防兼備的刀法，主要用於截膝、截腕或截擊對方進攻的兵器。

【易犯錯誤】：刀與臂不成直線。

【糾正方法】：直臂、直腕、力達刀刃前部。

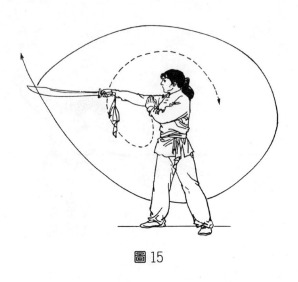

圖 15

（八）撩　刀

1.右腳在前，錯步站立；右手持刀，直臂前舉，左掌立於右肩前；目視前方（圖 15）。

2.右手持刀，臂內旋，直臂向上立繞至體後再變外旋，向下沿身體右側貼身弧形向前撩至體前上方，刀刃向上，左掌前伸，直臂向上繞至體側；目視刀尖（圖 16）。

註：反撩刀則前臂內旋，刀沿身體左側撩出。

【要點】：做撩刀手腕要鬆活，以腰帶臂，用力較柔和，力達刀刃前部。

【技擊含義】：撩刀屬進攻性刀法，用於由下向上撩擊對方。

【易犯錯誤】：刀不貼近身體。

【糾正方法】：擰腰、旋臂，刀沿體側由下向上撩出。

圖 16

圖 17

(九)掛 刀

1.右腳在前，錯步側身站立；右手持刀，直臂側平舉，
左掌直臂側平舉；目視右前方（圖17）。

圖18　　　　　　　　圖19

2.右臂內旋，刀尖向下，向左貼身掛出，兩手合於腹前（圖18）。

註：向右爲右掛刀，向上爲左掛刀，貼身立圓掛一周爲掄掛刀。

【要點】：轉腰、扣腕，左掛滿把握住刀柄，右掛用拇指與食指刁握刀柄，腕部放鬆。力達刀背前部。

【技擊含義】：掛刀屬防守性刀法，用於掛開來自向頭部和下肢攻擊的兵械或拳腳。

【易犯錯誤】：刀不貼身。

【糾正方法】：扣腕，刀與臂需保持合適的角度，使刀尖向下、向後貼近身體繞動。

圖 20

(十)扎　刀

1.開步站立；右手持刀於右胯旁，刀尖向前，左掌按於左胯旁；目視前方（圖 19）。

2.右手持刀，屈肘上提再直臂向前直刺，左掌弧形上擺，立於右前臂內側，目視前方（圖 20）。

註：扎刀：根據扎的高度，分類上扎刀、平扎刀、下扎刀。

【要點】：刀與臂成一直線，爆發用力，力貫刀尖。

【技擊含義】：扎刀屬進攻性刀法，根據需要扎刺對方身體任何一個部位。

【易犯錯誤】：刀與臂不成一條直線。

【糾正方法】：要求直臂、直腕，使刀身平直。

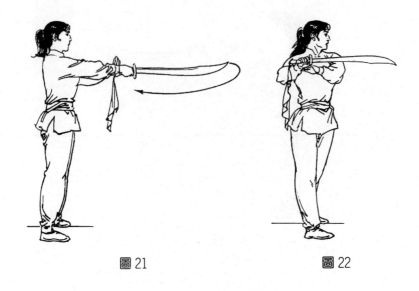

圖21　　　　　　　　　　　圖22

（十一）抹　刀

1.開步站立；右手持刀，直臂前舉，左掌立於右前臂內側；目視前方（圖21）。

2.腰向右擰轉，右臂內旋，刀刃向左，由前向左弧形抽回，左掌順勢助力，仍按於右前臂內側（圖22）。

註：旋轉抹刀要求旋轉一周或一周以上。

【要點】：旋臂，弧形回抽，刀速均勻，用力輕柔，力達刀刃。

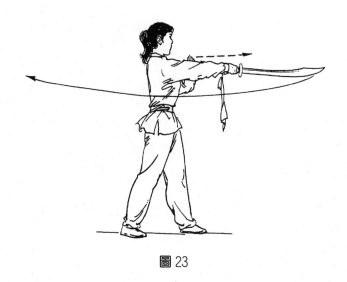

圖23

【技擊含義】：抹刀屬進攻性刀法，高度在胸部以上，主要用於抹對方的脖子，俗稱抹脖刀。

【易犯錯誤】：直臂左右平擺。

【糾正方法】：轉腰、旋臂、屈肘，滿把握刀柄，弧形回帶。

(十二)斬　刀

1.左腳在前，錯步站立；右手持刀，直臂前舉，左掌立於右上臂內側；目視前方（圖23）。

圖24

2.身體右轉，右臂內旋，刀向右橫擊，同時左掌直臂向左側平分；目視右前方（圖24）。

【要點】：在完成動作的剎那間，手由滿把握變螺把握，迅猛的爆發用力，貫於刀刃前部。

【技擊含義】：斬刀屬進攻性刀法，高與脖齊，俗稱斬首。

【易犯錯誤】：刀臂不成一線，力未達刀刃。

【糾正方法】：伸臂、直腕、使刀把末端貼靠前臂，力達刀刃前部。

(十三)掃　刀

1.左腳在後下蹲成歇步；右手直臂持刀於身體右側，刀尖與踝關節同高，左掌直臂舉於左斜上方；目視刀尖（圖25）。

圖 25

圖 26

2.身體左轉約 270°，右臂外旋，刀刃向左，隨轉體向左旋轉平掃一周，左掌合按於右手腕處（圖 26）。

圖27　　　　　　　　　　　圖28

【要點】：刀身要平，刀刃向左（或右），與踝關節同高，動作輕快，力達刀刃前部。

【技擊含義】：橫掃對方膝部以下部位。

【易犯錯誤】：刀刃不平，力點不准。

【糾正方法】：隨轉體同時注意旋臂大小適宜，刀刃平行，揮臂、甩腕，力達刀刃前部。

（十四）雲　刀

1.右腳在前，錯步站立；右手直臂持刀成側平舉，左掌直臂成側平舉；目視右前方（圖27）。

2.右臂內旋上舉再變外旋，使刀在頭頂上方平圓繞環一周，左掌內合按於右手腕處；目視前方（圖28）。

註：雲刀分面前雲刀、頭頂雲刀、頭側雲刀。

圖29

【要點】：活把持握刀柄，以腕為軸。

【技擊含義】：雲刀屬防守性刀法，用於架撥由上向下攻擊頭部的器械，進而反擊對方。

【易犯錯誤】：揮臂帶刀，不以腕為軸。

【糾正方法】：把握鬆活，不要滿把抓死，以腕的轉動，帶動肘關節隨動。

(十五)崩　刀

1.開步站立；右手持刀，直臂側平舉，左掌直臂側平舉；目視右前方（圖29）。

圖30　　　　　　　　　　圖31

2.右手沉腕，使刀尖猛向上崩，左掌內合按於右前臂內側；目視刀尖（圖30）。

【要點】：手腕突然用力下沉，使刀尖由下向上啄擊，力達刀尖。

【技擊含義】：崩刀為攻防兼備的一種刀法，用來崩開對方的器械或崩擊對方腕、臂等部位。

【易犯錯誤】：過於屈肘，力點不準，爆發力不夠。

【糾正方法】：肩部要放鬆，肘關節微屈下墜，手腕突然下沉，使力量達至刀尖。

(十六)點　刀

1.右腳在前，錯步站立；右手持刀，直臂側平舉，左掌直臂側平舉；目視右前方（圖31）。

圖 32　　　　　　　　圖 33

2.右手提腕，刀尖猛向下點，左掌合按於右手腕處；目視刀尖（圖32）。

【要點】：手腕放鬆，突然而短促地用力上提，使刀尖向下啄擊，力達刀尖。

【技術含義】：點刀屬進攻性刀法，適用於攻擊對方的指、腕、肩、臂等部位。

【易犯錯誤】：刀柄抵住前臂，手腕不能上提。

【糾正方法】：拇指與食指扣住刀柄，其餘三指鬆握，使柄端貼靠橈骨一側。

(十七)挑　刀

1.右腳在前，錯步站立；右手持刀，直臂前平舉，左掌立於右上臂內側；目視前方（圖33）。

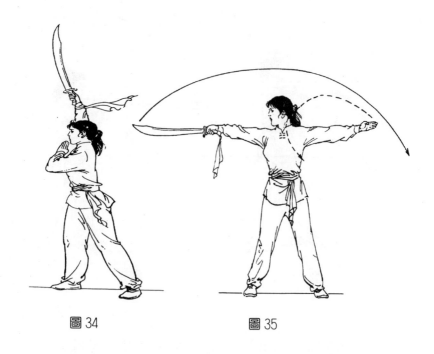

圖 34　　　　　　　　　　圖 35

2.右手持刀，直臂上挑，左掌立於右肩前（圖34）。

【要點】：螺把握住刀柄，虎口向上，臂與刀成直線向上揮起，力達刀背前段或刀尖。

【技擊含義】：挑刀為進攻與防守兼而有之的一種刀法，用於從正面挑擊對方身體或向上挑開對方器械。

【易犯錯誤】：刀與臂不成一直線。

【糾正方法】：強調肘、腕關節伸直。

（十八）按　刀

1.開步站立；右手持刀側平舉，左掌直臂側平舉；目視右前方（圖35）。

圖 36　　　　　　　　圖 37

2.右臂外旋，刀向上弧形按於身體左側，與腰同高，刀尖向左，左掌合按於右手腕處；目視刀尖（圖36）。

【要點】：左手助力附壓於右手腕處。

【技擊含義】：按刀是防中寓攻的刀法，按住對方身體的某一部位使其就範，或按住對方器械，使其失去隨意變化的靈活性。

【易犯錯誤】：左手不助力，刀身不平。

【糾正方法】：強調左手助力，刀身持平。

(十九)格　刀

1.左腳在前，錯步站立；右手持刀，直臂前舉，左掌立於右前臂內側；目視前方（圖37）。

圖38　　　　　　　　　　圖39

2.右臂內旋，刀尖向下，刀刃向外（圖38）。

3.身體右轉，右手持刀向右格擋，左掌按於右前臂內側；目視前方（圖39）。

註：旋轉格刀要求旋轉一周或一周以上。

【要點】：刀身豎直，以前臂和手腕用力為主。

【技擊含義】：格刀屬防守性刀法，用於格擋對方進攻的器械。

【易犯錯誤】：刀身不垂直。

【糾正方法】：強調臂內旋，使刀尖向下。

(二十)藏　刀

1.開步站立；右手持刀，刀尖斜向下藏於右髖側，左掌直臂前推為平藏刀（圖40）。

2.右腳在前，錯步站立；右手持刀，刀身橫平，刀尖向

圖40　　　　　　　　　圖41

後，藏於左腰側，左掌架於頭上方，為攔腰藏刀（圖41）。

　　3.開步站立；右手持刀，刀身豎直藏於左臂後，左掌架於頭上方為立藏刀（圖42）。

　　【要點】：平藏刀要刀身平直，刀前身貼於右胯側；攔腰藏刀要刀背貼靠腰側，刀身橫平；立藏刀要刀背貼於背左側。刀身豎直。

　　【技擊含義】：藏刀目的在於使對方看不清刀的位置，以利出擊。

　　【易犯錯誤】：藏刀不嚴，刀不貼身。

　　【糾正方法】：強調藏刀的位置。

圖42

圖43　　　　　　　　　　圖44

（二十一）背　刀

1.開步站立；右手持刀斜上舉，刀背貼靠後背，左掌直臂側平舉；目視前方（圖43）。

2.開步站立；右手持刀，臂內旋背於身後，刀尖向左斜上方，左直臂側平舉；目視左前方（圖44）。

【要點】：拇指與食指刁住刀柄，其餘三指鬆握，刀背緊貼背部。

【技擊含義】：用於防守來自向腦後、背部橫向攻擊的器械，並順勢向左右平斬或向前劈砍。

【易犯錯誤】：肘關節彎屈過大，刀背未貼靠後背。

【糾正方法】：強調右手握刀上提，刀背緊貼後背。

圖45   圖46

（二十二）推　刀

1.開步站立；右手持刀於胯旁，刀尖向前，左掌垂於體側；目視前方（圖45）。

2.右臂內旋，刀尖向下，刀刃向前，屈肘上提再直臂向前立推，左手附於刀背前部（圖46）。

註：刀尖向左，向前橫推，為平推刀。

【要點】：刀身豎直，左手助推刀背。

【技擊含義】：推刀是一種攻防兼備的刀法，但主要是用於推開對方的器械。

【易犯錯誤】：刀身不垂直，力點不準確。

【糾正方法】：強調兩臂伸直，刀身豎直，力在刀身中部。

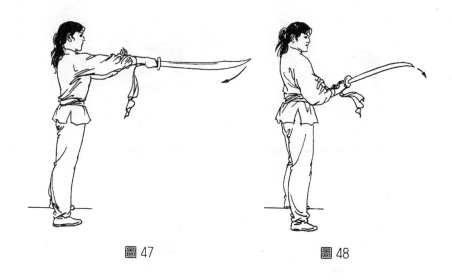

圖 47

圖 48

（二十三）錯　刀

1.開步站立；右手持刀，直臂前平舉，左掌立於右手腕處；目視前方（圖47）。

2.右臂屈肘，手腕內旋，手心向上，手腕稍下壓，刀尖擺向右前方，左掌按於右腕處；目視刀尖（圖48）。

3.右手持刀，向前推出為正錯刀（圖49）。

註：手心向下，刀尖向左前方為反錯刀。

【要點】：刀身要稍高於刀柄，著力點由刀身前段向後滑移。

【技擊含義】：錯刀屬進攻性刀法，用於錯擊對方的身體或器械。

【易犯錯誤】：橫力不夠。

【糾正方法】：強調器械出擊時要坡形向前推出。

圖 49　　　　　　　　圖 50

（二十四）架　刀

　　1.左腳在前，錯步站立；右
手持刀，直臂前舉，左掌立於右
前臂內側；目視前方（圖 50）。

　　2.右臂屈肘內旋，刀尖擺向
左側，左手附於刀身前部，雙手
向上橫向托起，舉刀高過頭，刀
刃向上。（圖 51）。

　　【要點】：刀身保持橫平，
力點在刀身中部。

　　【技擊含義】：架刀屬防守
性刀法，用於撐擋對方由上向下
攻擊的器械。

圖 51

圖52　　　　　　　圖53

【易犯錯誤】：肘關節彎屈，刀身過於前舉。

【糾正方法】：強調肘關節伸直，架刀於頭上方。

(二十五)分　刀

1.開步站立；右手持刀於腹前，刀身水平橫直，刀尖向左，左掌附於右手腕處；目視前方（圖52）。

2.兩手向上舉，向左右直臂分開，刀尖向上為立分刀（圖53）。

註：由前向左右分開為平分刀。

【要點】：滿把握刀，先向上推架再向左右立分。

【技擊含義】：分刀屬防守性刀法，用於分撥向我頭部攻擊的器械，或平分來自向我正中攻擊的器械。

【易犯錯誤】：向上推送不明顯，刀身過於前傾。

【糾正方法】：強調隨兩臂上舉向左右立分。

圖54　　　　　　　　　圖55

(二十六) 帶　刀

1.左腳在前，錯步站立；右手持刀，直臂前舉，左掌立於右前臂內側；目視前方（圖54）。

2.右手持刀，臂內旋使刀刃向右，腰向右後轉，右手隨腰由前向右側後回抽，左掌附於右手腕處（圖55）。

註：刀刃向左，向左側回抽爲左帶刀。

【要點】：以腰帶臂，以臂帶刀，動作柔和，力點由刀身根部前移。

【技擊含義】：帶刀屬防守性刀法，意在用己兵刃牽引對方器械，使之偏離進攻目標。

【易犯錯誤】：轉腰不夠，動作剛猛。

【糾正方法】：強調以腰的擰轉配合刀身的回帶，動作連貫，用力柔和。

圖 56

（二十七）捧　刀

併步站立；右手持刀，臂外旋，肘關節稍屈，刀尖向前，刀刃向上，將刀平捧於胸前，左手托於右手下；目視前方（圖56）。

【要點】：螺把握住刀柄，旋臂使刀身平直。

【技擊含義】：捧刀一般取中，進可攻，退可防，屬攻守兼備的一種刀法。

【易犯錯誤】：刀刃傾斜，刀身不平。

【糾正方法】：強調旋臂，使刀刃向上，直腕使刀身平直。

（二十八）背　花

1. 開步站立；右手持刀，直臂側平舉，左掌直臂側平舉，目視右前方（圖57）。

圖 57

圖 58　　　　　　圖 59

　　2.右手持刀，臂內旋在體前下掛，成刀尖向上，左掌內合附於右前臂內側；目視刀尖（圖58）。

　　3.上動不停，上體右轉，右手持刀，臂外旋，向上、向右下繞動，刀尖向右下方；目視右前方（圖59）。

圖60　　　　　　　　圖61

4.上動不停，右手持刀以腕為軸，使刀在臂外側向下、向上立繞，刀尖向右斜上方（圖60）。

5.上動不停，右臂內旋，屈肘、刀尖向下，在背後繞一立圓，左掌下落直臂擺至體左側（圖61）。

6.上動不停，上體向左轉，刀尖下落，將刀帶至腹前，刀刃向下，刀尖向後，左掌合於右前臂內側（圖62）。

7.上動不停，隨上體轉正，同時右手持刀經體左側向右劈刀，刀尖向右上方，左掌直臂上分落至側平舉；目視右前方（圖63）。

圖 62   圖 63

【要點】：活把握住刀柄，以腰帶臂，腕關節放鬆，刀法貼身。

【技擊含義】：背花屬防守性刀法，用來撥擋來自向身前、體後攻擊的器械。

【易犯錯誤】：身、械不協調，刀法不貼身。

【糾正方法】：強調以腰帶臂，刀走立圓。

圖64

（二十九）剪腕花

開步站立；右手持刀，兩臂側平舉，以腕為軸，刀在臂兩側向下貼身立圓繞環；目視右前方（圖64）。

【要點】：以腕為軸，快速連貫，刃背分明。

【技擊含義】：剪腕花屬攻防兼備的一種刀法，主要用於剪擊對方手腕。

【易犯錯誤】：刃背不分明，刀不繞立圓。

【糾正方法】：強調刀在臂兩側貼身立繞，向前下剪點時，要刀刃向下，力達刀尖。

（三十）撩腕花

開步站立；右手持刀，兩臂側平舉，以腕為軸，刀在臂兩側向上貼身立圓繞環；目視右前方（圖65）。

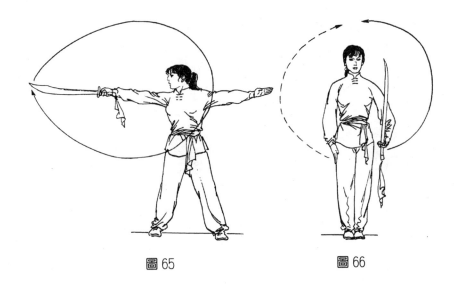

圖 65   圖 66

【要點】：同剪腕花。

【技擊含義】：撩腕花屬進攻性刀法，主要用於撩擊對
方手腕。

【易犯錯誤及糾正方法】：同剪腕花，惟動作路線相
反，刀刃向上。

刀術組合動作

（一）纏頭刀、裹腦刀、藏刀動作組合

1.纏頭弓步藏刀

①併步站立；左手抱刀置於身體左側，右臂垂於身體
右側；目視前方（圖66）。

圖67　　　　　　　　　　圖68

　②兩臂分別由體側上舉，右手接握刀柄；目視前方
（圖67）。

　③上體左轉，左腳向左斜前方上步；右手持刀背於背
後，左掌成立掌並直臂落至體側，與鼻同高；目視前方（圖
68）。

　④身體繼續左轉，右腳向前上步；右手持刀下落，向
左直臂平掃，左臂隨轉體平擺至體側；目視刀尖（圖69）。

　⑤上體再左轉，右手持刀向左平掃後臂內旋上舉，由
左肩繞至背後，刀尖向下，左掌合立於右肩前；目視左前方
（圖70）。

　⑥身體左轉約180度，左腳向前上步成左弓步；右臂外
旋下落，刀向左平掃後變臂內旋藏於左腋下，刀尖向後斜上
方，左掌向下、向左架於頭上方；目視右斜前方（圖71）。

圖 69

圖 70

圖 71

圖 72

2.裹腦弓步藏刀

①右腳向右斜前方上步；左掌落至右上臂外側（圖72）。

圖73

②左腳向右腳前上步，身體右轉約180度，右手持刀向右直臂平掃，左掌直臂平分至體側；目視刀尖（圖73）。

③重心右移，稍屈右膝；右臂外旋上舉，刀尖向下，刀背貼身繞至左肩，左掌平擺至右腋下；目視前方（圖74）。

④身體右轉約180度，同時右腳隨轉體向右斜前方上步成右弓步；右手持刀下落藏於右腿外側，刀尖斜向下，左掌前推，掌指略高於肩；目視前方（圖75）。

【要點】：橫掃刀要刀刃朝左（右）；纏頭刀要刀尖下垂，刀背沿左肩繞過右肩；裹腦刀要刀尖下垂，刀背沿右肩繞過左肩；頭部要保持正直，動作要連貫。整個組合動作可行進間反覆練習。

圖 74

圖 75

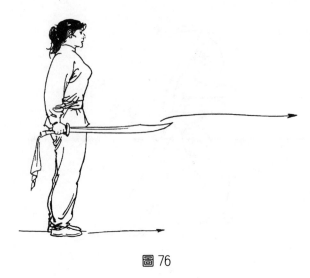

圖 76

(二) 扎刀動作組合

1. 右弓步扎刀

① 併步站立；右手握刀垂於體右側，刀尖向前，左臂垂於體左側，指尖向下；目視前方（圖76）。

② 右腳上步成右弓步；右手持刀屈肘上提後，向前直臂扎出，左掌上提經腰間直臂後伸，與肩同高；目視刀尖（圖77）。

2. 回身左弓步扎刀

身體向左後擰轉約180度，右腳蹬地，左腿屈膝成左弓步；右手持刀隨轉體臂內旋，屈肘使刀經右腰側向前直臂扎出，左臂內合，左掌立於右上臂內側；目視刀尖（圖78）。

圖77

圖78

圖79

3.回身右弓步扎刀

①身體右轉 180 度，左腿直立，右腿屈膝上提；右手持刀，屈肘抱於胸前，刀刃向上，刀尖向右，左掌附於右手腕處；目視右前方（圖79）。

②右腳向右下落成右弓步，同時右手持刀，臂內旋，向右直臂扎出，刀尖與肩同高，左臂平擺至體左側；目視刀尖（圖80）。

4.回身右弓步扎刀

左腳向右腳前上步，身體右轉 180 度，右腳碾轉成右弓步；右手持刀，屈肘使刀平擺至小臂外側，隨轉體向右直臂扎出，左掌內合，先附於右手腕處，再直臂側舉；目視刀尖（圖81）。

圖 80

圖 81

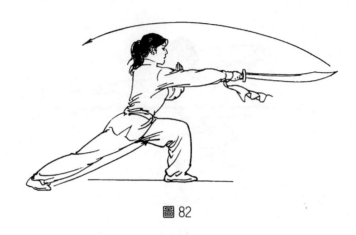

圖 82

5.回身左弓步扎刀

身體左轉，右腿蹬直，左腿屈膝成左弓步；右手持刀，隨轉身臂內旋，屈肘使刀經右腰側向前直臂扎出，左臂內合，左掌立於右上臂內側；目視刀尖（圖 82）。

6.回身右弓步扎刀

①身體右轉，左腿直立，右腿屈膝上提；右手持刀，屈肘抱於胸前，刀刃向上，刀尖向右，左掌附於右手腕處；目視右前方（圖 83）。

②右腳向右下落成右弓步；同時右手持刀，臂內旋，刀刃轉向下，向右直臂扎出，左臂平擺至體左側；目視刀尖（圖 84）。

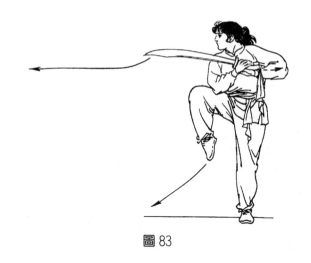

圖83

圖84

【要點】：整個動作要以腰帶臂，上體平穩，步法穩固，刀法貼身，直臂扎出，刀臂成一直線，力貫刀尖。整個組合動作可行進間連續左右變轉練習。

圖85　　　　　　　　　　　圖86

（三）劈刀動作組合

1.上步左臂刀

①併步站立；右手持刀上舉前於前後，左臂側平舉；目視前方（圖85）。

②身體左轉，左腳向前上步；右手持刀隨轉體向左前下方直臂劈刀，左掌內合附於右手腕處；目視刀尖（圖86）。

2.上步右掄劈刀

右腳向前上步：右手持刀，臂內旋，刀在身體左側掄一立圓，直臂劈於右前下方，左掌仍附於右手腕處；目視刀尖（圖87）。

圖 87

3.翻身馬步劈刀

① 左腳向前上
步，隨之身體右轉，右
腳向左側插步，兩腿屈
膝半蹲；同時右手持
刀，在身體右側向後繞
一立圓，隨轉體按於體
左側，左掌前伸再屈肘
按於右手腕處；目視左
前方（圖88）。

圖 88

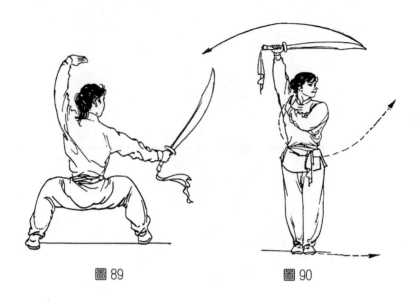

圖89   圖90

②上動不停，身體右轉180度，右腳稍向右側活步下蹲成馬步；右手持刀隨轉體向上繞一立圓劈於體右側，刀尖向斜上方，左掌隨轉體架於頭上；目視右前方（圖89）。

【要點】：左右劈刀，上步轉腰要自然，刀要貼身，臂與刀成一直線；馬步掄劈刀，轉體與掄劈動作要連貫，協調一致。整個組合動作可行進間反覆練習。

(四) 撩刀動作組合

①併步站立；右手持刀架於頭上，左掌立於右肩前；目視左前方（圖90）。

②身體稍向左轉，同時左腳向左前方上步；右手持刀下落於體右側，刀尖向斜上方，左掌下落直臂側伸；目視左前方（圖91）。

圖 91

圖 92

③身體左轉，右腳向左腳前上步；右手持刀，臂外旋
貼身向右上方撩出，左臂上繞掄至體側，掌指略低於肩；目
視刀尖（圖92）。

圖93

2.上步左撩刀

①重心後移，左腿支撐，右腳上提置於左膝內側；右
手持刀屈肘稍向回帶，左臂上擺，掌指略高於頭；目視刀尖
（圖93）。

②重心前移，右腳向右前方落步，膝關節稍彎曲；同
時右手持刀上繞落至腹前，刀尖向左上方，左臂內合，左掌
按於右手腕處；目視右前方（圖94）。

③身體右轉，左腳向右腳前上步，重心前移，右腳跟
提起，同時右手持刀，貼身撩至左上方；目視刀尖（圖
95）。

3.叉步反撩刀

①身體右轉，右手持刀上繞落至體前，刀尖向前上
方；目視前方（圖96）。

圖 94

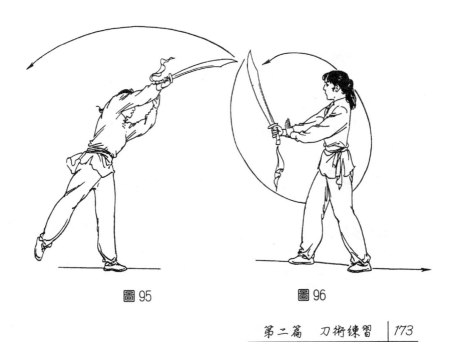

圖 95

圖 96

圖 97

②右腳向後退步，左腿膝關節彎屈；右手持刀，以腕為軸，左右臂外側剪腕花一周；目視前方（圖97）。

③上體右轉，左腳向右插步，膝關節伸直，腳跟提起，右腿膝關節彎屈；右手持刀向右直臂反撩，左掌先前伸，再屈肘立於右肩前；目視刀尖（圖98）。

【要點】：刀沿身體兩側貼身弧形撩出，力達刀刃前部；左右撩刀，上體要隨撩刀方向探出；叉步反撩，上體要前俯。

(五)捧刀、分刀、斬刀、雲刀動作組合

1.併步練習

①併步站立；右手握刀垂於體側，刀尖向前，左臂垂於體左側；目視前方（圖99）。

圖 98

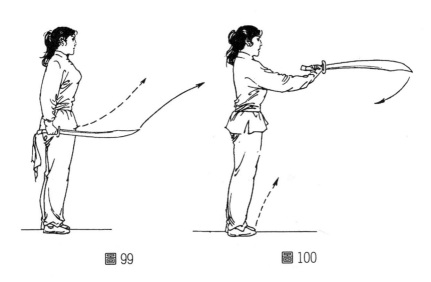

圖 99   圖 100

　　②右手持刀，兩臂同時外旋，左手在右手下，肘關節
稍屈，將刀捧於胸前，刀刃向上，刀尖向前；目視前方（圖
100）。

圖 101   圖 102

2.提膝分刀

左腿屈膝上提；右手持刀，兩臂內旋平分於體側，刀刃向右，刀尖向前；目視前方（圖 101）。

3.纏頭弓步藏刀

①右手持刀上提，刀尖向下，刀刃向左，左臂內合，左掌置於右腋下；目視前方（圖 102）。

②左腳向左前方下落成左弓步；同時右手持刀纏頭，再向左平掃藏於左腋下，刀尖向左後方，左掌弧形架於頭上；目視右前方（圖 103）。

圖 103

圖 104

4.裹腦叉步平斬刀

①右腳向前上步，膝關節彎屈；右手持刀直臂向右平掃，左臂下落成側平舉；目視刀尖（圖104）。

圖 105

②身體右轉 180 度，左腳上步成開立步；右手持刀，臂
外旋上舉裹腦至左肩旁，刀尖向下，左掌內合置於右腋下；
目視左前方（圖 105）。

③身體右轉 180 度，右腳向右跨步，隨之左腳右插成倒
叉步；右手持刀下落隨轉體向右直臂平斬，左掌架於頭上
方；目視刀尖（圖 106）。

5.雲刀弓步扎刀

①身體左轉約 180 度，同時身體重心上升，兩腳成開立
步；右手持刀直臂平擺至體右側，左掌下落成側平舉；目視
右前方（圖 107）。

圖 106

圖 107

圖 108

圖 109

②身體繼續左轉，重心前移，屈左膝，同時右手持刀，隨轉體臂外旋上舉，在頭上雲刀下落至頭左側，刀尖向右，左掌內合附於右手腕處；目視右前方（圖108）。

③左腿直立，右腿屈膝上提；右手持刀落至胸前，左掌仍附於右手腕處；目視右前方（圖109）。

圖110

④右腳下落成右弓步，右手持刀，向右側直臂扎出，
左臂平擺成側舉；目視刀尖（圖110）。

【要點】：纏頭刀左腿要保持提膝，藏刀要與落步同時
完成；裏腦與平斬刀動作要連貫；雲刀頭要後仰，刀身要
平，扎刀要力貫刀尖。

圖 111

(六)錯刀、掛刀、按刀、掃刀動作組合

1.前點步錯刀

①併步站立；右手持刀，直臂前平舉，左掌立於右上臂內側；目視前方（圖 111）。

②身體右轉，右腳向右前方上步，身體重心在左腿，膝關節彎曲；右手持刀臂內旋向右平擺，要變外旋屈肘下壓，刀尖向右斜前方，刀刃向前，左臂內旋平擺至體側，掌心向斜下方，目視右斜前方（圖 112）。

③右腿直立，左腳向右腳前點步；右手持刀，直臂向右斜前方推出，左掌變拳屈肘置於左肩前；目視右斜前方（圖 113）。

圖 112

圖 113

圖 114

2.左右掄掛刀

①身體左轉 180 度，左腳向前上步；右手持刀，刀尖轉向上，在身體左側貼身掄掛一周，刀尖斜向上，左臂伸直，左拳變掌下落向後上方弧形擺動，屈肘附於右手腕處；目視右前方（圖 114）。

②身體右轉，右腳向前上步，單腿直立，上體前俯，左腿屈膝後撩；右手持刀，臂外旋在身體右側貼身掄掛一周，刀尖斜向上，左臂前伸，掌指向斜上方；目視前方（圖 115）。

3.跳歇步按刀

右腳蹬地跳起，左腳向前落步，隨之身體右轉，右腳後插落地下蹲成歇步；右手持刀，弧形由上下按，刀尖向左，

圖 115

圖 116

左臂內合，左掌按於右手腕處；目視刀尖（圖 116）。

4.旋轉掃刀

身體向右旋轉 270 度，兩腳掌碾轉成跪步；右手持刀，

圖117

隨轉體向右平掃一周，與踝同高，力達刀刃，左掌附於右前臂內側；目視刀尖（圖117）。

5.回身換跳弓步扎刀

兩腳蹬地向後回身換跳成右弓步；右手持刀，扣腕屈肘使刀經腰側向右直臂扎出，左臂平擺至體側；目視刀尖（圖118）。

【要點】：前點步錯刀，要以腰帶刀，協調一致；左右掄掛刀，要刀法貼身，走立圓；跳歇步按刀，與前一動作要連貫，旋轉掃刀與弓步扎刀，要步法穩固，刀經腰間向前扎出。

（七）砍刀、截刀動作組合

1.提膝左右砍刀

①併步站立；右手持刀，直臂上舉，刀尖向上，左掌按於胯旁；目視前方（圖119）。

圖 118

圖 119　　　　　　　　圖 120

　　②左腿屈膝上提，腳尖向下；右手持刀，由上向左下方斜劈，刀尖向斜下方，左臂內合，左掌附於右前臂內側；目視刀尖（圖 120）。

圖121

③左腳向左斜前方下落支撐站立，右腿屈膝提起；右手持刀，臂內旋向左斜後上方掄繞，隨之向右擰腰斜劈刀於右腿外側，刀尖向斜下方，左掌弧形上架於頭上方；目視刀身（圖121）。

2.弓步斜劈刀

右腳向右斜後方落步，左腿屈膝成弓步；右手持刀向後上方掄一立圓，劈刀於體前，刀尖斜向上，左掌下落後擺架掌於頭上方；目視刀尖（圖122）。

3.翻身弓步扎刀

①重心右移，右腿支撐，前腳掌碾轉，向後翻身，左腿屈膝上提貼於右膝窩處；右手持刀屈肘上掛，隨上體翻轉，刀尖轉向下，左掌附於右手腕處；目視刀尖（圖123）。

圖 122

圖 123

圖 124

②上體繼續翻轉 180 度，左腳向左斜前方落步成弓步；右手持刀經右腰側，向體前下方直臂扎出，左掌直臂側舉；目視刀尖（圖 124）。

4.裹腦丁步截刀

①身體右轉，右腳向左側插步，兩腿膝關節稍屈；右手持刀，臂內旋屈肘收至左腋下，刀尖向後，左臂內合，左掌置於右肩外側；目視右斜前方（圖 125）。

②身體右轉 180 度，右手持刀，向右直臂平掃，左掌直臂平分至體側；目視左前方（圖 126）。

圖 125

圖 126

圖 127

圖 128

③身體繼續右轉約 270 度，同時左腳向右腳前上步；右
手持刀臂外旋上提裏腦至左肩，刀尖向下，左臂內合，左掌
置於右腋下；目視前方（圖 127）。

圖129

④身體右轉，右腳向右後橫跨步屈膝下蹲，隨之左腳收至右腳內側成丁步；右手持刀下落向右直臂下截，左掌直臂外分成斜上舉；目視刀尖（圖128）。

【要點】：左右砍刀要擰腰、提膝合胯，腿起刀落動作連貫；弓步斜劈刀要與落步同時完成，力達刀刃後部；翻身弓步扎刀與前勢弓步劈刀的銜接要快速，腳下的碾轉不可停頓，上體要後仰翻轉；裏腦刀要刀身垂直，刀背貼身，丁步截刀要向右側吊腰、順肩、伸臂，整個動作的銜接要連貫。

(八)抹刀、推刀、格刀動作組合

1.左右抹刀

①併步站立；右手持刀，直臂前舉，左掌立於右前臂內側；目視前方（圖129）。

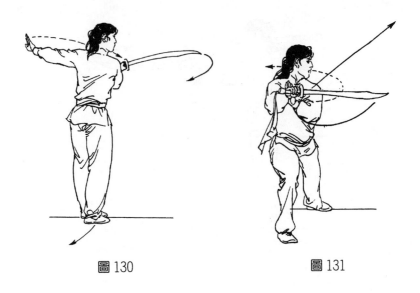

圖 130　　　　　　　　　圖 131

　　②上體左轉，右手持刀，臂外旋屈肘向左弧形回抽，
刀尖向左前方，左臂伸直平擺至體側；目視刀尖（圖130）。

　　③身體右轉約 180 度，右腳向右上步成弓步；右手持
刀，臂內旋向右弧形回抽，肘關節稍屈，刀尖向前，左臂內
合，左掌附於右手腕處；目視刀尖（圖 131）。

2. 插步扎刀

　　身體左轉，重心前移，右腳跟提起；右手持刀經腰側向
前上方扎出，左掌向體左側直臂伸出，略低於肩；目視刀尖
（圖 132）。

3. 弓步推刀

　　①右腳向右上步，膝關節彎屈；右手持刀向左弧形落

圖 132

圖 133

至腹前，刀尖向左，左臂內合，左掌按於刀背前部；目視刀
身（圖 133）。

圖 134

②身體右轉 180 度，同時左腳向右上步成弓步；右手持刀，左手按住刀背，兩臂伸直立刀向左側推出；目視左前方（圖 134）。

4.裹腦旋轉格刀

①上體立起，右腳向左插步；右手持刀收至左側，刀尖向後，左臂內合，左掌置於右肩前；目視左前方（圖 135）。

②身體右轉 180 度，成開步站立；右手持刀，直臂橫掃至體右側，左臂平分成側平舉；目視右前方（圖 136）。

③身體繼續右轉 180 度，同時左腳向右上步成開步站立；右手持刀，臂外旋上舉裹腦至左肩旁，刀尖向下，左臂內合，左掌置於右腋下；目視左前方（圖 137）。

圖 135

圖 136　　　　　　　圖 137

　　④重心左移，右腿屈膝上提，左腳掌碾轉，身體向右
轉體一周；右手持刀下落隨轉體在右腿外側旋轉格擋一周
半，置於身體右側，左掌隨轉體左分再屈肘立於右肩前；目

圖 138

圖 139

視右前方（圖 138）。

5. 弓步藏刀

右腳向右前方落地成弓步；右手持刀下落至右髖側，刀尖向前，左掌向左斜前方推掌；目視左斜前方（圖 139）。

【要點】：左右抹刀要以身帶臂弧形回抽；插步扎刀要擰腰順肩，上體前探；弓步推刀要左臂助力，上體側傾；裹腦格刀要動作連貫，上體正直，重心平穩；弓步藏刀要步法穩固。

（九）撩腕花、崩刀、點刀動作組合

1. 腕花提膝撩刀

①併步站立；右手持刀，直臂前舉，左掌立於右上臂

圖 140

圖 141

內側；目視前方（圖 140）。

　②右手持刀，以腕為軸，在右臂外側立圓撩刀一周，刀刃向上，左掌附於右前臂內側；目視刀尖（圖 141）。

圖 142

③左腿屈膝上提；右手持刀，臂內旋，在體左側貼身立繞，向體前下方直臂反撩，刀刃向上，左掌下落直臂擺至身體左斜後方，略高於頭；目視刀尖（圖 142）。

2.跳丁步崩刀

左腳向左斜後方落地，右腳蹬地收於左腳內側成丁步；右手持刀沉腕，刀尖猛向上崩，隨身體下落置於體右側，左掌內合附於左前臂內側；目視右前方（圖 143）。

3.弓步點刀

右腳向右上步成弓步；右手持刀向體右側下方提腕猛點，左掌上分落至體側成平舉；目視刀尖（圖 144）。

圖 143

圖 144

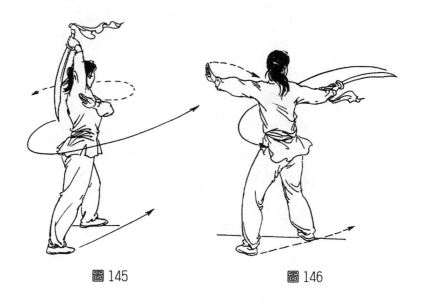

圖 145　　　　　　　圖 146

4.纏頭弓步藏刀

①身體立起，左腳向左前方上步，膝關節稍彎曲；右手持刀上提，臂內旋纏頭至右肩刀背貼身，刀尖向下，左掌內合置於右腋下；目視左前方（圖 145）。

②身體左轉 180 度，右腳向前上步；右手持刀下落，臂外旋向左直臂平掃，左臂平分成側平舉；目視刀尖（圖 146）。

③身體繼續左轉，左腳向後插步，腳跟提起，右腿膝關節稍彎曲；右手持刀上提，臂內旋纏頭至背後，刀背貼身，刀尖向下，左掌內合至右肩前；目視左前方（圖 147）。

④身體繼續左轉 180 度，重心左移，左腿屈膝成弓步；

圖 147

圖 148

右手持刀，繼續纏頭至右肩後，下落隨轉體向左平掃，屈肘
藏於左腋下，刀尖向斜後上方，左掌下落隨轉體弧形擺於頭
上；目視右斜前方（圖 148）。

圖149

5.裏腦仆步掃刀

①右腳向右斜前方上步；右手持刀，刀尖下落，臂內旋向右直臂平掃，左掌下落成側平舉；目視右前方（圖149）。

②身體右轉，左腳向前上步成開步站立；右手持刀上舉，臂外旋裏腦至左肩旁，刀背貼身，刀尖向下，左掌內合置於右腋下；目視左前方（圖150）。

③身體右轉180度，左腿屈膝全蹲，右腿向右平鋪成仆步；右手持刀下落，隨轉體仆腿直臂向右平掃，與踝同高，左掌直臂外分至體側成斜上舉；目視刀尖（圖151）。

【要點】：撩腕花提膝撩刀與丁步崩、弓步點銜接要連貫，刃背要分明，力點要準確；纏頭弓步藏刀、轉身上步與

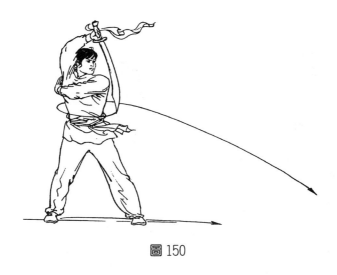

圖 150

圖 151

兩次纏頭要快速協調；裹腦仆步掃刀要連貫，仆腿與掃刀要
同時到位。

圖 152　　　　　　　圖 153

（十）帶刀、背花動作組合

1.丁步帶刀

①併步站立；右手持刀垂於體側，刀尖向前，左掌按於胯旁；目視前方（圖152）。

②右腳向後撤步，腳尖點地，左腿膝關節稍屈；右手持刀直臂前送，左掌立於右前臂內側；目視前方（圖153）。

③重心後移，身體右轉，右腳踏實，屈膝下蹲，左腳收至右腳內側，腳尖點地成丁步；右手持刀，臂內旋屈肘向右回抽，刀刃向上，刀尖向左，左掌附於右手腕處；目視左前方（圖154）。

圖 154

圖 155

2.弓步扎刀

左腳向左進步，隨之右腳向左腳前上步成弓步，同時身體左轉180度；右手持刀，直臂向右扎出，與肩同高，左臂外擺成側平舉；目視右前方（圖155）。

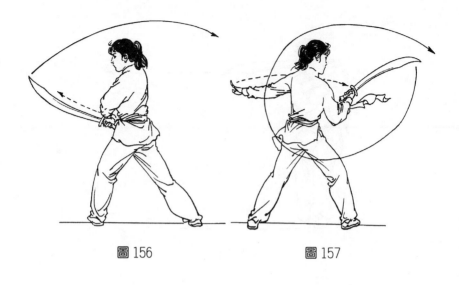

圖 156　　　　　　　圖 157

3.前後背花

①身體左轉，右手持刀，臂內旋在體前下掛，刀尖向左，置於腹前，左掌內合附於右前臂內側；目視刀尖（圖156）。

②上體右轉，右臂屈肘外旋，刀尖向右上方繞動，左掌向左直臂平擺；目視右前方（圖157）。

③上體右轉約90度；右手持刀，以腕為軸，使刀在臂外側向下，向上繞一立圓，刀尖向前上方，左掌內合附於右手腕處；目視前方（圖158）。

④身體左轉，右臂內旋屈肘使刀尖向下，在背後繞一立圓，左掌收至右肩前，指尖向上；目視右前方（圖159）。

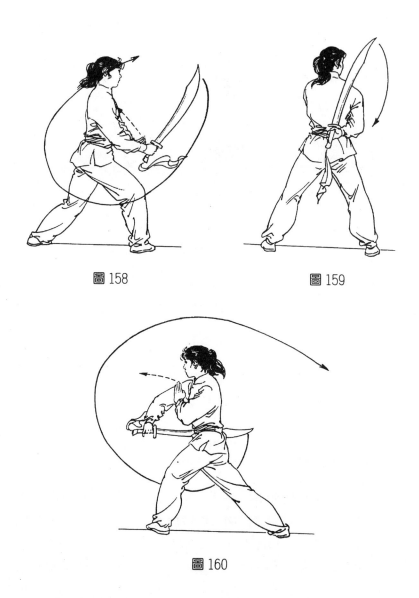

圖 158　　　　　　　　　　圖 159

圖 160

⑤上體左轉，刀尖下落，將刀帶至腹前，刀刃向下，
刀尖向後；目視前方（圖160）。

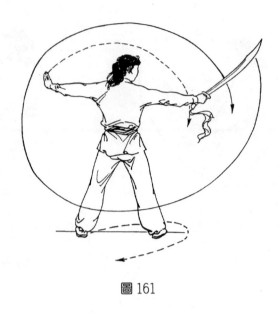

圖 161

⑥上動不停，上體右轉，右手持刀隨轉體向右側劈
刀，刀尖向斜上方，左臂伸直成側平舉；目視右前方（圖
161）。

4.歇步掄劈刀

①身體右轉180度，左腳向右蓋步，兩腿膝關節稍彎
屈；右手持刀，隨轉體立掄一周按於腹前，左掌上舉隨轉體
向下按於刀背上；目視左前方（圖162）。

②身體繼續右轉180度成開步站立；右手持刀隨轉體向
右掄劈，刀尖斜向上，左臂成側平舉；目視右前方（圖
163）。

圖 162

圖 163

圖 164

③上體右轉，重心前移，左腳跟提起；右手持刀後擺，刀尖斜向下，左臂上繞落至臉前；目視前方（圖164）。

④身體左轉成開立步；右手持刀向後、向上掄劈至身體右側，刀尖斜向上，左臂向下，後擺成側平舉；目視右前方（圖165）。

⑤身體左轉270度，左腿屈膝上提；右手持刀隨轉體立掄上舉，刀尖向後，左臂立繞落至體後；目視前方（圖166）。

圖 165

圖 166

圖 167

⑥上體左轉，左腳落地，兩腿屈膝下蹲成歇步；右手持刀直臂下劈至體右側，刀尖斜向上，左掌架於頭上；目視右前方（圖167）。

【要點】：丁步帶刀，右手持刀前送和右腳後撤要同時，並且與丁步抽刀動作的銜接要連貫；弓步扎刀要力貫力尖；前後背刀花，要以腰帶臂，動作連貫，刀法貼身走立圓；歇步掄劈刀，腳下碾轉要靈活，動作連貫，刀法貼身，刃背分明。

三段刀術規定考核套路詳解

動作名稱

預備勢

動作說明

預備勢

兩腳併步站立；左手抱刀於體左側，肘關節微屈，右手成掌垂於體右側；目視前方（圖168）。

【要點】：收腹、挺胸、刀背要貼靠前臂內側。

圖 168　　　　　　　　圖 169

第 一 段

1.起　勢

左手抱刀與右掌同時從身體兩側上舉，至頭前上方時，右掌拇指張開貼靠護手盤，接握左手之刀；目視前方（圖169）。

【要點】：接刀動作不要有停頓，兩手配合要協調一致。

2.弓步藏刀

(1)左腳向左開步，膝關節彎曲；右手握刀，刀背貼身從身體左側繞至身後，左臂內旋向左伸出，與肩同高；目視左前方（圖170）。

圖 170

（2）上體左轉；右腿膝關節伸直成弓步；同時右手握刀，刀背繼續貼身繞至右肩時，臂外旋下落於身體右側，手心斜向上，隨之臂迅速內旋扣腕，向左肋側平擺，刀背貼靠於左肋，刀身平放，手心向下，刀尖向後，左臂上舉至頭部左上方成亮掌；目視前方（圖171）。

【要點】：纏頭時，刀背必須貼脊背繞行；右手握刀向左平擺時，旋臂扣腕要快速有力。

3.虛步藏刀

（1）身體右轉；右腿屈膝，左腿伸直；右手握刀隨轉體向右平掃，左掌下落於身體左側，略高於肩，手心斜向上；目視刀身（圖172）。

圖 171

圖 172

圖173

（2）右手握刀臂外旋，屈肘上提，使刀尖向下，刀背貼於右肩後（圖173）。

（3）身體左轉：隨轉體右腳碾轉，左腳稍回收，腳尖點地成虛步；同時右手握刀，由右肩後繞至左肩前，左掌下落，屈肘回收至右腋下；目視前方（圖174）。

（4）右手握刀下落於身體右側，肘關節微屈，刀刃向下，刀尖向前，左掌向前推出，指尖向上；目視左掌（圖175）。

【要點】：掃刀時刀身要平；刀在背後繞行時刀背必須貼靠脊背，刀尖向下；整個動作要連貫完整。

4.弓步扎刀

左腳稍前移，右腳向前上步，右腿屈膝，左腿膝關節伸直成弓步；右手握刀向前直臂扎出，與肩同高，刀刃向下，

圖 174 　　　　　　　　圖 175

圖 176

左掌向上、向後直臂繞環變勾手，略高於肩；目視刀尖（圖
176）。

　　【要點】：扎刀時刀臂要成直線，力達刀尖，上體略前
傾。

圖 177

5.弓步掄劈

（1）左腳向左斜前方上步；同時右手握刀，向左斜前方下劈，左勾變掌下落附於右臂內側，隨之右臂內旋，屈肘上提於左肩側，刀刃向上；目視刀身（圖 177）。

（2）左腿屈膝半蹲，右腿膝關節伸直成弓步；右手握刀向右斜前方下劈，刀尖稍上翹，左掌下落經身體左側上舉於頭部左上方成亮掌；目視刀尖（圖 178）。

【要點】：掄劈刀是由兩次劈刀動作組成，刀法要清晰，動作要連貫，身、械配合要協調。

6.提膝格刀

身體左轉；左腿膝關節伸直站立，右腿屈膝提起；右手握刀屈肘向體前橫格，刀身垂直立於胸前，刀刃向左，刀尖向上，左掌附於刀身中段；目視刀身（圖 179）。

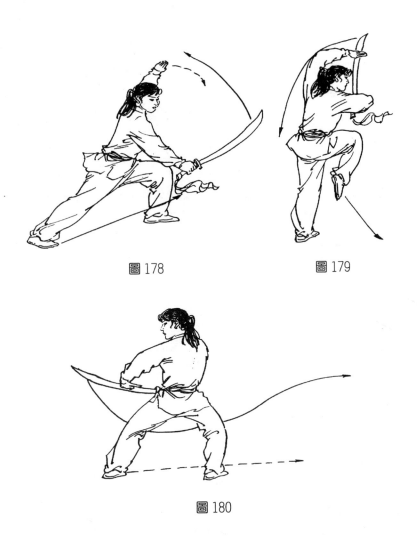

圖178   圖179

圖180

【要點】：以腰帶刀，提膝的同時完成格刀動作。

7.弓步推刀

（1）上體稍左轉；右腳向右落步；右手握刀隨轉體向下、向左下按，左掌附按於刀背處；目視刀尖（圖180）。

圖181

（2）身體右轉；左腳隨轉體向前上步，屈膝，右腿膝關節伸直成弓步；右手握刀屈肘經左腰側向前直臂推出。刀刃向前，左掌仍附按於刀背處；目視刀尖（圖181）。

【要點】：刀向前推出時，上體要前探，力達刀刃。

8.馬步劈刀

重心右移，兩腿屈膝半蹲成馬步；右手握刀向上、向右劈刀，刀尖稍上翹，左掌上舉於頭部左上方成亮掌；目視刀尖（圖182）。

【要點】：回身劈刀要快速準確；弓步轉換馬步時，左腳尖要迅速內扣，右腳稍碾轉。

9.仆步按刀

身體右轉；右腳隨轉體向後退步，屈膝全蹲，左腿膝關節伸直平鋪成仆步；右手握刀臂外旋，以腕為軸向下、向

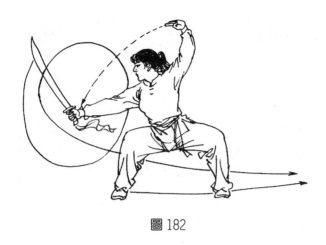

圖 182

圖 183

後、向前立圓繞環一周,隨之向下按切於胯前,刀刃向下,左掌附於右手腕處;目視左前方(圖183)。

　　【要點】:右腳向後退步的同時,要完成剪腕花動作;仆步的同時向下按切,刀身要放平,力達刀刃。

圖 184　　　　　　　　圖 185

第二段

10.蹬腳藏刀

　　(1) 右腿膝關節伸直站立，左腿屈膝上提；右手握刀向後提起，刀尖與胯同高，左掌向前推出，與肩同高；目視左掌（圖 184）。

　　(2) 右手握刀臂內旋，使刀背向裡，刀尖向下經左膝前繞至身體左側，左掌屈肘回收，附於右前臂；目視前下方（圖 185）。

　　(3) 左腳向前落步；右手握刀屈肘上提，刀尖向下，刀背貼靠左肩外側，左掌向左平擺，掌心向下；目視前方（圖186）。

　　(4) 左腿屈膝半蹲，右腿膝關節伸直成弓步；右手握刀，刀背貼身經背部繞至右肩外側時，臂外旋下落於身體右

圖 186

圖 187

側、手心斜向上，隨之臂迅速內旋扣腕，向左肋側平擺，刀
背貼靠於左肋，刀身平放，手心向下，刀尖向後，左臂上舉
至頭部左上方成亮掌；目視前方（圖 187）。

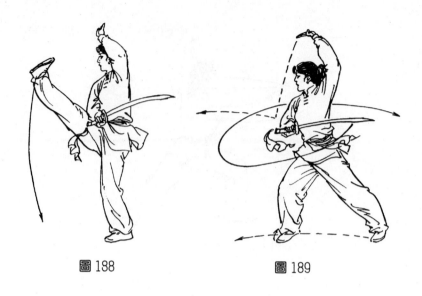

圖 188　　　　　　　　圖 189

（5）左腿膝關節伸直站立；右腿屈膝提起向前上方蹬出，腳尖勾起，腳跟與胸同高；目視前方（圖 188）。

【要點】：左腿提起，右手握刀向左裹膝抄起時，要含胸，上體稍前傾；蹲腿要由屈到伸，力達腳跟。

11. 弓步平斬

（1）右腳向前落步，重心前移；目視前方（圖 189）。

（2）左腳向前上步，同時身體右轉 180 度；右腳順勢提起；右手握刀隨轉體平掃一周，左掌屈肘下落於右肩前，隨之向左後方平擺，掌心向上；目視刀尖（圖 190）。

（3）右腳向後退步，左腿屈膝，右腿膝關節伸直成弓步；右手握刀臂外旋，隨之屈肘上提，刀尖向下，刀背貼右肩外側經背部繞至左肩外側後下落於左肋側，刀尖向後，同

圖 190

圖 191

時左掌下落，屈肘回收經右肩前向上架於頭部左上方；目視
前方（圖 191）。

圖 192

（4）身體右轉 180 度；隨轉體右腳尖外展，右腿屈膝，右腳尖內扣，左腿膝關節伸直成弓步；右手握刀隨轉體平斬至體前，與肩同高，手心向下，左掌下落於體後，略高於肩，虎口向上；目視刀尖（圖 192）。

【要點】：上步轉身掃刀時，要快速，右腳上提不宜過高；完成左弓步裹腦刀後不可停頓，要迅速轉身成右弓步斬刀；整個動作要連貫協調。

12.仆步帶刀

（1）右手握刀臂內旋，使刀刃向上，刀尖斜向下；目視刀尖（圖 193）。

（2）左腳尖稍外展，左腿屈膝全蹲，右腿膝關節伸直平鋪，腳尖內扣成仆步；右手握刀臂外旋，屈肘回帶至體前左上方，刀刃向上，刀尖稍下垂，左掌屈肘回收附於右手腕處；目視右前方（圖 194）。

【要點】：旋臂帶刀動作要迅捷，上體稍左傾。

圖 193

圖 194　　　　　　圖 195

13.歇步下砍

（1）身體稍立起；右手握刀上提，使刀尖向下，刀背貼右肩外側經背後繞至左肩後，左掌下落於身體左側，與肩同高；目視左前方（圖 195）。

圖196   圖197

　　(2) 重心右移，左腳經右腳後向身體右側插步；右手握
刀下落於身體左側，刀身放平，刀尖向後，左掌屈肘回收附
於右腋下；目視右前方（圖196）。

　　(3) 兩腿屈膝全蹲成歇步；右手握刀向身體右側下方斜
砍，刀刃斜向下，刀尖向前，左掌向下經身體左側向上繞至
頭部左上方成亮掌；目視刀身（圖197）。

　　【要點】：全蹲成歇步時，臀部要坐落於後腿的小腿
上，上體向後擰轉；刀向下斜砍時，力在刀身後段。

圖198

14.弓步扎刀

上體左轉約270度；左腳隨轉體向前活步，屈膝，右腿膝關節伸直成弓步；右手握刀隨轉體向前扎出，與肩同高，刀刃向下，左掌下落附於右手腕處；目視刀尖（圖198）。

【要點】：轉身扎刀時，刀要經右腰側後再直臂向前扎出，力達刀尖。

圖 199

15. 叉步反撩

（1）身體稍立起並右轉；左腳向右前方活步；右手握刀臂內旋，向上直臂繞至身體後斜上方，刀刃向下，左掌回收附於右肩前；目視前方（圖 199）。

（2）身體左轉；右腳向前上步，屈膝，左腿膝關節伸直成弓步；右手握刀向下、向前直臂撩起，略高於肩，刀刃向上，左掌向下、向前、向上繞至頭部左上方成亮掌；目視刀尖（圖 200）。

（3）身體繼續左轉；右腳尖內扣；右手握刀隨轉體直臂向上、向前下按於腹前，刀尖上翹，左掌向左下落，屈肘回收附於右腕處；目視刀尖（圖 201）。

圖 200

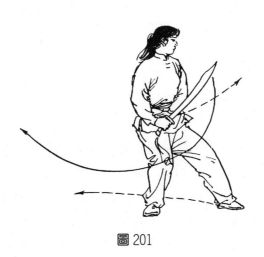

圖 201

圖 202

（4）左腳向後退步，膝關節伸直，前腳掌著地，右腿屈膝成叉步；右手握刀向後反撩，與胯同高，刀刃向上。左掌向前上方插出，虎口向上；目視刀尖（圖202）。

【要點】：撩刀要走立圓，刀尖不可觸及地面；叉步時，腰要向右擰轉，上體前傾。

16. 弓步藏刀

下繞至左肩外側，左掌屈肘回收經右肩前向左平擺；目視前方（圖203）。

（2）左腿屈膝，右腿膝關節伸直成弓步；右手握刀，刀背貼身經背部繞至右肩時，臂外旋下落於身體右側，手心斜向上，隨之臂迅速內旋扣腕，向左肋側平擺，刀背貼靠於肋，刀身平放，手心向下，刀尖向後，左臂上舉至頭部左上方成亮掌；目視前方（圖204）。

【要點】：同第二動。

圖 203

圖 204

圖 205

17.虛步抱刀

（1）身體右轉；右腿屈膝，左腿膝關節伸直；右手握刀隨轉體向右平掃，左掌下落於身體左側，與肩同高；目視刀尖（圖 205）。

（2）身體稍立起；右手握刀臂外旋，屈肘上提，使刀尖向下，刀背貼靠右肩後；目視右前方（圖 206）。

（3）上體稍右轉；右腿屈膝，左腿膝關節伸直；右手握刀經背部繞至左肩外側，隨之向體向平帶，與臉同高，刀刃向上，左掌向下，向前擺起，拇指張開，用掌心托住刀盤，準備接握右手之刀，目視兩手（圖 207）。

（4）上體左轉；左腳向前上步，膝關節稍屈，腳尖點地成虛步；左手接過右手之刀，經體前下落，抱刀於身體左側，右掌向下，經身體右側向上繞至頭部左上方成亮掌；目視左前方（圖 208）。

【要點】：虛步抱刀與向左轉頭要協調一致。

圖 206　　　　　　　　圖 207

圖 208　　　　　　　　圖 209

18.收　勢

　　右腳向左腳併步；右掌下按於身體右側，目視左前方
（圖 209）。

　　【要點】：併步與右掌下按要同時完成；整個動作完成
後，頭轉向正前方。

國家圖書館出版品預行編目資料

劍術、刀術入門與精進／楊柏龍、劉玉萍編著
－初版－臺北市，大展，2002 [民 91]
面；21 公分－（名師出高徒；3）
ISBN 978-957-468-110-5（平裝）

1. 劍術

528.975　　　　　　　　　　　　90019441

劍術、刀術入門與精進　　　ISBN:978-957-468-110-5

編 著 者／楊柏龍、劉玉萍
責任編輯／趙　振　平
發 行 人／蔡　森　明
出 版 者／大展出版社有限公司
社　　址／台北市北投區（石牌）致遠一路 2 段 12 巷 1 號
電　　話／(02) 28236031・28236033・28233123
傳　　真／(02) 28272069
郵政劃撥／01669551
網　　址／www.dah-jaan.com.tw
E－mail／service@dah-jaan.com.tw
登 記 證／局版臺業字第 2171 號
承 印 者／國順文具印刷行
裝　　訂／建鑫印刷裝訂有限公司
排 版 者／弘益電腦排版有限公司
授 權 者／北京人民體育出版社
初版 1 刷／2002 年（民 91 年）1 月
初版 2 刷／2007 年（民 96 年）4 月　　　　　定價／220 元

大展好書　好書大展
品嘗好書　冠群可期

大展好書　好書大展

品嘗好書　冠群可期